Avec qui TRAVAILLEZ-VOUS ?

Les Éditions Transcontinental
1100, boul. René-Lévesque Ouest
24e étage
Montréal (Québec) H3B 4X9
Tél. : (514) 392-9000
1 800 361-5479
www.livres.transcontinental.ca

Distribution au Canada
Québec-Livres, 2185, Autoroute des Laurentides, Laval (Québec) H7S 1Z6
Tél. : (450) 687-1210 ou, sans frais, 1 800 251-1210

Distribution en Suisse
Servidis S. A. – Diffusion et distribution
Chemin des Chalets CH 1279 Chavannes de Bogis SUISSE – Tél.: (41) 22.960.95.10
www.servidis.ch

Données de catalogage avant publication (Canada)
Samson, Alain
Avec qui travaillez-vous ?
(Collection Ressources humaines)
Comprend des réf. bibliogr.

ISBN 2-89472-192-7

1. Typologie (Psychologie). 2. Psychologie du travail. 3. Myers-Briggs Type Indicator. 4. Communication interpersonnelle. I. Titre. II. Titre : Mieux comprendre ses collègues, son patron, ses employés. III. Collection.

BF698.3.S25 2002 155.2'6 C2002-940890-3

Avec qui travaillez-vous ? est une deuxième édition enrichie de *Mieux comprendre ses collègues, son patron, ses employés,* paru en 1999 chez le même éditeur.

Révision et correction : Louise Dufour, Lyne M. Roy, Diane Boucher

Mise en pages et conception graphique de la couverture : Studio Andrée Robillard

La forme masculine non marquée désigne les femmes et les hommes.

Imprimé au Canada

Dépôt légal — 3e trimestre 2002
Bibliothèque nationale du Québec
Bibliothèque nationale du Canada

ISBN 2-89472-192-7

Nous reconnaissons, pour nos activités d'édition, l'aide financière du gouvernement du Canada, par l'entremise du Programme d'aide au développement de l'industrie de l'édition (PADIÉ), ainsi que celle du gouvernement du Québec (SODEC), par l'entremise du Programme d'aide aux entreprises du livre et de l'édition spécialisée.

ALAIN SAMSON

Avec qui TRAVAILLEZ-VOUS ?

L'utilisation des types psychologiques et de l'Indicateur MBTI au travail

Remerciements

Un tel ouvrage sur la théorie des types psychologiques ne peut être le fruit d'un seul auteur. Basé initialement sur les travaux de Carl Gustav Jung, de Katharine Cook Briggs et d'Isabel Briggs Myers, il s'est construit, au cours des années, à l'aide de travaux de nombreux autres chercheurs.

Parmi eux, mentionnons Sandra Krebs Hirsh et Jean M. Kummerow, Otto Kroeger et Janet M. Thuesen, Olaf Isachsen, Paul D. Tieger et Barbara Barron-Tieger. Le lecteur qui souhaite approfondir les notions présentées dans les pages qui suivent pourra consulter les ouvrages de ces pionniers.

Mentionnons également ces pionniers qui ont donné à la francophonie l'accès à ces puissants outils : Eduardo Casas, auteur du manuel-guide et de la version française du MBTI, ainsi que Pierre

Cauvin et Geneviève Caillou, qui sont les premiers francophones à avoir vulgarisé la théorie.

Merci également à Danielle Poirier, responsable de Psychometrics Canada et de la formation pour l'utilisation professionnelle de l'Indicateur au Canada.

Table des matières

Chapitre 5

TROISIÈME PARTIE

Les applications possibles

Chapitre 6

Liste des tableaux et des figures

Liste des exercices

Introduction

L'outil essentiel au succès : vous !

Votre but : améliorer vos relations avec vos collègues, améliorer la position concurrentielle de votre entreprise dans le marché ou améliorer votre propre position au sein d'une organisation. Vous avez sans doute déjà épluché une foule d'ouvrages sur des sujets aussi disparates que la mise en marché, la gestion de la production, la publicité, la mobilisation du personnel, la gestion financière, la gestion du temps ou l'art de la négociation.

Tous ces éléments sont nécessaires à la réussite d'une carrière au sein d'une entreprise. Cependant, il importe, avant tout, que vous maîtrisiez un outil essentiel au succès : vous-même. Cet outil, dont vous n'avez pas reçu le manuel d'instruction à la naissance, peut vous rendre plus efficace dans toutes vos activités. En effet :

- les techniques de marketing ne vous seront utiles que si vous-même pouvez « sentir » le client et adapter votre message en fonction de ses intérêts et de ses critères d'achat ;
- un manuel de gestion du temps ne vous aidera à tirer le maximum de votre temps que si vous savez vous fixer des priorités ;
- un cours dans l'art de la négociation ne sera efficace que si vous avez d'abord pris conscience du fait que les autres ont une perception du monde différente de la vôtre et qu'ils utilisent d'autres façons que les vôtres pour prendre des décisions ;
- un livre ne vous apprendra à motiver vos employés que si vous avez pris conscience de vos particularités ou lacunes personnelles et de la manière dont vous communiquez avec eux.

Une bonne connaissance de vous-même et une meilleure compréhension de ceux qui vous entourent est le préalable essentiel à votre succès. Sans une bonne maîtrise de cet outil, vous vous condamnez à une sous-utilisation de votre potentiel et à des résultats inférieurs à ceux que vous pourriez obtenir.

Quel que soit votre titre au sein de l'organisation dans laquelle vous évoluez, votre outil le plus important est vous-même dans la mesure où vous savez utiliser cet outil. Cet ouvrage constitue votre guide de l'usager, un mode d'emploi permettant d'entretenir de meilleures relations avec vos collègues.

Notre principe de départ

Le principe qui sous-tend l'élaboration de ce livre est le suivant : tous les êtres humains sont différents et chacun a une contribution personnelle et unique à apporter à son équipe, à son service ou à son entreprise. Une entreprise efficace et progressive doit tirer parti des forces de chacun et confier des défis à ceux qui peuvent les relever au mieux.

À qui est destiné ce livre ?

Que vous soyez entrepreneur, cadre, vendeur ou en transition de carrière, vous tirerez profit de cette lecture. En fait, elle vous sera d'une grande aide si vous répondez oui à l'une des questions suivantes :

- *Des collègues, supérieurs ou clients vous tombent-ils parfois sur les nerfs sans que vous sachiez pourquoi ?*

  Ce guide (particulièrement sa première partie) vous fera prendre conscience des préférences des êtres humains et de ce qui suscite votre agacement lorsqu'on ne partage pas vos préférences. Ces découvertes réduiront votre stress quand vous devrez entrer en contact avec des gens différents de vous et vous rendra plus efficace dans vos relations avec eux.

- *Malgré tous vos efforts, arrive-t-il que des gens bien intentionnés ne puissent comprendre ce que vous tentez de leur communiquer ?*

  Vous acquerrez des outils essentiels qui vous permettront d'adapter votre stratégie de communication à votre interlocuteur. Une fois ces techniques acquises, les autres vous comprendront mieux et les malentendus, sources d'erreurs, de lacunes dans le travail et d'insatisfaction, se produiront moins souvent.

- *Avez-vous déjà éprouvé de la difficuté à vous faire accepter par un collègue, un supérieur ou un client ?*

Le fait de connaître les types psychologiques des autres vous permettra d'ajuster vos stratégies de relations interpersonnelles en fonction de ces nouvelles connaissances.

- *Vous arrive-t-il de repousser des tâches que vous considérez comme ennuyeuses mais que vous devrez tout de même faire un jour ou l'autre ?*

Vous prendrez conscience de vos préférences et de leurs répercussions sur vos comportements quotidiens. Vous serez alors en mesure de mieux comprendre les comportements des autres.

- *Avez-vous déjà eu dans le passé l'impression d'être traité injustement ?*

Par exemple, un emploi ou une promotion vous a peut-être filé sous le nez parce que vous n'en connaissiez pas les critères de sélection ou que vous n'avez pas su convaincre le décideur. La prochaine fois, vos chances seront bien meilleures.

- *Si vous occupez un poste de direction, avez-vous tendance à recruter des personnes qui vous ressemblent, qui partagent vos opinions et qui pensent comme vous ?*

Vous découvrirez les risques qu'une telle pratique peut faire courir à votre entreprise et à la qualité des décisions qui y sont prises. Nous en traiterons dans la troisième partie.

Cet ouvrage s'adresse donc à toute personne évoluant au sein d'une organisation. Vous y approfondirez des concepts qui vous aideront à améliorer à la fois la qualité de vos relations avec les autres et votre contribution dans l'organisation. Ainsi, le stress diminuera et votre satisfaction au travail augmentera.

Une démarche en 3 étapes

Cet ouvrage se compose de trois parties.

Dans la première, vous comprendrez comment fonctionne l'être humain. Au chapitre 1, vous découvrirez votre type psychologique. Aux chapitres 2 et 3, vous en apprendrez davantage sur les autres types ; vous constaterez alors que le caractère unique de chacun influe sur les relations interpersonnelles.

En deuxième partie, vous apprendrez quelques techniques qui vous aideront à déterminer le type psychologique d'un interlocuteur, qu'il soit un client, un collègue, un supérieur ou, à la rigueur, un proche. Au chapitre 5, vous vous initierez à une méthode rapide pour distinguer les tempéraments des gens qui évoluent dans un milieu professionnel.

Dans la troisième partie, vous recevrez des conseils pratiques pour utiliser vos nouvelles capacités de percevoir les autres afin de mieux négocier, motiver votre personnel, vendre ou convaincre vos supérieurs des avantages d'un projet que vous défendez.

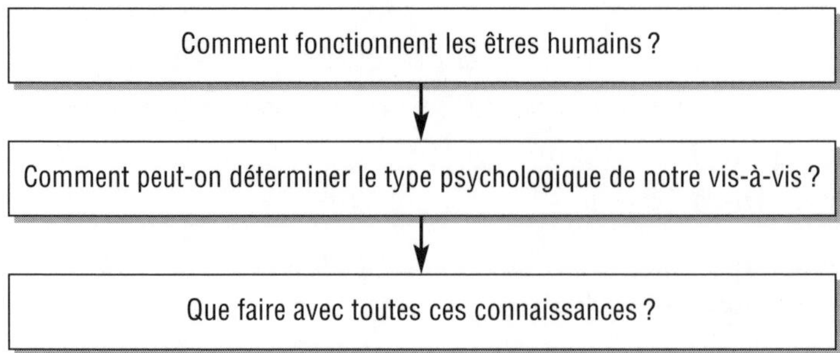

Une approche éthique

Une mise en garde s'impose. Les puissants outils que vous allez découvrir ne sont pas destinés à être utilisés à des fins de manipulation. Ce livre vise à vous aider à améliorer votre pouvoir d'influence et de persuasion, certes, mais il est conçu dans une perspective d'efficacité dans le travail et dans les relations interpersonnelles.

Dans le même sens, nous vous encourageons à partager ces concepts avec ceux qui vous entourent : lorsque le savoir est partagé, toute l'organisation peut en bénéficier.

Première partie

Comment fonctionnent les êtres humains

Chapitre 1

Quel est votre type psychologique?

1.1 Une mise en situation

Le silence

Pour Pierre, les journées se suivaient et se ressemblaient. En entrant au bureau le matin, il saluait poliment sa collègue de la tête, s'assoyait à son bureau et appelait ses premiers clients. S'il devait quitter les lieux pendant la journée, il lui faisait un signe de la tête. La journée se déroulait en silence et chacun faisait son travail en solitaire. Au tout début, Sylvie et Pierre s'entendaient plutôt bien.

Mais au fil des mois, le climat s'est lentement dégradé. Leur supérieur a pourtant tenté de les rapprocher, sans succès. Chacun a son opinion sur l'autre et ces opinions ne sont pas des plus positives.

Sylvie soutient que son partenaire est cachottier, qu'il a toujours la tête dans les nuages, et qu'il se révèle incapable de prendre une décision. Bref, pour Sylvie, Pierre ne mérite pas le poste qu'il occupe, un poste qui exige d'avoir les deux pieds sur terre.

Pierre, de son côté, est de moins en moins capable d'endurer Sylvie. Elle représente tout ce qui est insupportable chez un être humain : elle prend ses décisions trop rapidement, elle a de la difficulté à s'adapter et elle est trop bavarde. Une heure passée en sa compagnie lui semble durer une semaine !

Leur supérieur ne sait que faire. Tous deux sont compétents, mais l'atmosphère est devenue insoutenable. Devra-t-il se résigner à mettre un de ses employés à pied ou trouvera-t-il le moyen de rétablir un climat de travail acceptable dans le service ?

1.2 Les préférences

Au début du siècle, Carl Gustav Jung a réalisé son célèbre travail sur les types psychologiques, dans lequel il stipule que ces types sont innés. Avant cette interprétation, les comportements humains étaient réputés résulter de l'environnement. Selon Jung, ils sont non seulement prévisibles mais aussi classifiables.

Plus tard, Isabel Briggs Myers et Katharine Cook Briggs ont enrichi le travail de Jung en ajoutant à sa typologie une quatrième dimension. Elles ont mis au point un test, le MBTI (*Myers-Briggs Type Indicator*), qui permet aujourd'hui d'établir le type psychologique d'une personne. Le présent ouvrage se base sur le travail de ces trois experts.

Selon la théorie des types psychologiques, l'être humain possède dès sa naissance des préférences qui lui servent à :

- puiser son énergie ;
- percevoir le monde ;
- prendre des décisions ;
- gérer sa vie.

Nous traiterons de ces quatre dimensions de la vie tout au long de ce livre. Mais, avant de poursuivre votre lecture, voyez, à l'aide d'un court exercice, ce que signifie la notion de préférence. Signez votre nom dans l'encadré suivant.

Si vous êtes comme la grande majorité des êtres humains, vous avez trouvé cette expérience facile et vous avez accompli cette tâche machinalement, sans y penser.

Refaites maintenant l'expérience. Signez votre nom dans l'encadré suivant, mais en utilisant l'autre main. Ne continuez pas votre lecture avant d'avoir fait cet exercice.

Si vous êtes comme la majorité des êtres humains, vous avez trouvé cette tâche beaucoup plus difficile à accomplir et, malgré les efforts supplémentaires que vous avez faits, le résultat est inférieur en qualité (moins lisible) qu'au moment de votre première signature.

Est-ce à dire que vous êtes incapable de vous servir de vos deux mains ? Pas du tout. Cela signifie que vous avez une préférence marquée pour utiliser une main plutôt que l'autre et que vous avez, au fil des ans, développé davantage l'habileté de cette main. Cela a pour effet que, aujourd'hui, quand vous signez votre nom, vous ne vous demandez pas quelle main vous utiliserez : vous vous servez automatiquement de celle avec laquelle vous produisez les meilleurs résultats.

Ainsi, l'être humain procède par préférence dans toutes les dimensions de sa vie. Voyez maintenant les quatre principales dimensions, répertoriées par la théorie des types psychologiques, dans laquelle interviennent les préférences des individus.

1.3 Les 4 dimensions

TABLEAU 1.1

Les 4 dimensions

1. Où puisez-vous votre énergie ?

Introversion (I) ...._............................ Extraversion (E)

2. Comment percevez-vous le monde ?

Sensation (S) ...._............................ Intuition (N)

3. Comment prenez-vous vos décisions ?

Logique (T) ...._............................ Sentiment (F)

4. Quel est votre style de vie ?

Jugement (J) ...._............................ Perception (P)

Notez que les lettres entre parenthèses dans ce tableau correspondent à la terminologie anglaise. Toutefois, vous vous familiariserez rapidement avec ces symboles, d'autant plus qu'ils évitent une confusion possible en français (par exemple, les termes sentiment et sensation qui commencent tous deux par la lettre « S » et qui sont ici « F » pour *feeling* et « S » pour *sensation*).

Vous aurez constaté que, pour chacune des quatre dimensions de la vie répertoriées ici, il existe deux pôles de préférence. À la suite de la présentation de chacune de ces dimensions, vous serez en mesure de déterminer, pour chacune d'elles, votre propre préférence.

Il va sans dire que les préférences d'un individu ne sont pas exclusives. Par exemple, si vous avez une préférence pour l'introversion, cela ne signifie pas que vous ne serez pas extraverti de temps à autre. Il s'agit de comprendre que, pour un introverti, l'extraversion demande plus d'énergie et ne donne pas de résultats aussi valables que pour celui dont l'extraversion est une préférence naturelle. Chacun est capable d'introversion et d'extraversion, mais chacun a une préférence envers l'un ou l'autre de ces moyens pour stimuler son énergie.

Retenez également qu'une préférence peut être faible ou prononcée. De plus, une préférence marquée n'est pas un signe d'habileté. Une forte préférence pour la cuisine ne garantit pas que vous êtes nécessairement bon cuisinier. De même, si, de préférence, vous percevez le monde en utilisant votre intuition, cela ne signifie pas nécessairement que vos intuitions sont toujours valables.

1.3.1 La première dimension : où prenez-vous votre énergie ?

Tous les êtres humains doivent par moments recharger leurs batteries. Les uns le font en se tournant vers l'extérieur (les extravertis), tandis que d'autres cherchent en eux les ressources nécessaires (les introvertis).

Par exemple, certaines personnes sont emballées à l'idée de participer à une rencontre sociale. La simple perspective de rencontrer des gens et de discuter avec des étrangers les ravit. D'autres, par contre, voient la participation à une telle rencontre comme une corvée à laquelle ils doivent s'astreindre. Les premiers discuteront avec nombre de gens pendant la soirée, tandis que les seconds seront à l'aise s'ils peuvent rencontrer une seule personne avec qui discuter toute la soirée. Les premiers sortiront de la rencontre stimulés, tandis que les seconds en sortiront épuisés.

Où puisez-vous votre énergie ? À l'extérieur ou à l'intérieur de vous-même ? Selon la théorie des types psychologiques, on vous désignera comme un « I » (pour introverti) si vous puisez votre énergie à l'intérieur de vous-même, et on vous désignera par un « E » (pour extraverti) si vous cherchez votre énergie à l'extérieur.

Voici quelques indices qui vous aideront à déterminer si vous êtes « I » ou « E ».

Les extravertis préfèrent l'expression à la réflexion. Si on leur pose une question, ils ouvrent la bouche et commencent à répondre avant même d'avoir réfléchi. Au fur et à mesure qu'ils parlent, le processus de réflexion s'enclenche et ils décident de leur réponse. Les extravertis aiment la variété et l'action. Ils préfèrent connaître peu de choses sur beaucoup de sujets que beaucoup de choses sur un nombre limité de thèmes.

Pour communiquer avec une autre personne, ils préfèrent être en présence de leur interlocuteur. Le contact avec les autres stimule leur énergie et ils ont besoin de ce contact pour définir ou préciser leur pensée.

Les introvertis, en revanche, préfèrent la réflexion à l'expression. Si on leur pose une question, ils commencent par réfléchir et livrent ensuite leur réponse. Au moment où ils ouvrent la bouche, ils savent déjà ce qui en sortira.

Les champs d'intérêt des introvertis sont moins nombreux que ceux des extravertis, mais les introvertis approfondissent davantage chaque sujet. S'ils doivent communiquer avec une personne et qu'il leur est possible de le faire par courrier électronique ou par note, ils préféreront ce moyen plutôt que le contact direct ou l'appel téléphonique.

Du fait qu'ils ressentent fréquemment le besoin de s'isoler et qu'ils ont besoin de se retrouver dans leur univers interne pour réfléchir, les introvertis sont souvent considérés comme difficiles à rejoindre. Dans une réunion, noyés dans un groupe d'extravertis, ils donneront l'image d'êtres peu communicatifs, même s'il y a de fortes chances que leurs rares interventions fassent réellement avancer la discussion.

En ce qui concerne la façon dont vous puisez votre énergie avec le plus de profit, êtes-vous « I » ou « E » ? Pour vous aider à répondre à cette question, nous vous présentons un tableau comportant une série d'énoncés ou de mots. Les « E » auront une préférence pour les énoncés ou les mots de la colonne de gauche, tandis que les « I » seront plus attirés par ceux de la colonne de droite.

Faites cet exercice, puis poursuivez votre lecture pour aborder les particularités des « I » et des « E » au travail.

TABLEAU 1.2

Où puisez-vous votre énergie ?

Les préférences des introvertis (I)	Les préférences des extravertis (E)
☐ Je préfère être seul	☐ Je préfère être avec les autres
☐ Je préfère me concentrer sur un projet projets à la fois	☐ Je préfère travailler à plusieurs projets à la fois
☐ Je préfère être en privé qu'en société	☐ Je préfère être en société qu'en privé
☐ Je sors épuisé d'une rencontre sociale	☐ Je sors stimulé d'une rencontre sociale
☐ Je préfère réfléchir en silence	☐ Je réfléchis mieux en parlant
☐ Réflexion	☐ Action
☐ Interne	☐ Externe
☐ Réservé	☐ Communicatif
☐ La vie privée	☐ Les gens
☐ Sélection	☐ Pluralité
☐ Tranquillité	☐ Expression
☐ Profondeur des connaissances	☐ Ampleur des connaissances

Au travail, lorsque vous ignorez ce qu'un « E » pense de la situation en cours, cela signifie que vous n'avez pas écouté. Il vous l'a probablement déjà répété à plusieurs reprises. Par contre, pour savoir ce qu'un « I » pense, il faut souvent le lui demander.

De plus, quand il est temps de formuler de nouvelles idées pour une campagne publicitaire ou pour la résolution d'un problème, les « E » trouveront l'exercice plus facile s'ils peuvent le faire en groupe, tandis que les « I » seront plus efficaces s'ils peuvent amorcer leur réflexion en solitaire.

À ce stade de votre lecture, vous devriez avoir une bonne idée du pôle correspondant à votre préférence. Indiquez dans l'espace prévu à cette fin si vous êtes « I » ou « E ». Selon les individus, cette préférence sera plus ou moins marquée, mais inscrivez immédiatement où vous vous situez, en décrivant ce que vous êtes vraiment et non ce que vous souhaiteriez être.

Je pense savoir où je puise mon énergie. C'est pourquoi je me décris comme un introverti (inscrivez « I ») ou un extraverti (inscrivez « E »).

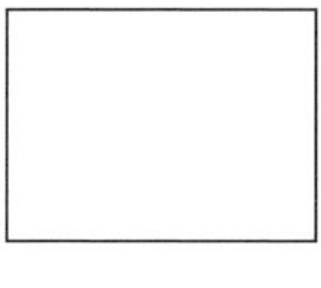

1.3.2 La deuxième dimension : comment percevez-vous le monde ?

Selon Jung, notre cerveau accomplit essentiellement deux opérations : il commence par **accumuler** de l'information et, ensuite, il **traite** ces renseignements pour prendre des décisions. Cette section du chapitre explique la première fonction du cerveau.

Jung considère également que les individus perçoivent le monde de deux manières : par les sens (le type « S ») ou par l'intuition (le type « N »). Le type « S » perçoit le monde par les sens de l'ouïe, de l'odorat, du toucher, de la vue et du goût, tandis que le type « N » le perçoit par l'intuition, c'est-à-dire que l'information apportée par les sens se dirige dans le subconscient et en ressort modifiée par un sixième sens qui tisse des liens entre les faits, qui fait ressortir les tendances et qui tente de découvrir des tendances.

Vous a-t-on déjà reproché, dans certaines situations, de ne voir que les arbres et de ne pas voir la forêt ? Si tel est le cas, il est probable que vous soyez du type « S ». Les gens du type sensation sont en effet davantage attirés par les détails que par le portrait d'ensemble. Ils fuient les généralités et recherchent la précision. Fiers d'avoir les deux pieds sur terre, ils laissent l'expérience les guider et accumulent les faits avant de prendre une décision. Pour eux, le présent importe plus que le reste. Ils dirigent leur intérêt vers les situations présentes.

Les intuitifs voient la forêt et ont de la difficulté à s'arrêter aux arbres. Ils évitent les détails et se font rapidement une idée d'ensemble à partir de quelques faits seulement. Ils apprécient les analogies, les jeux de mots et font des prévisions d'avenir. En fait, très souvent, le présent les ennuie. Ils se laissent attirer par les idées et l'imagination et veulent connaître toutes les solutions possibles avant de résoudre un problème. Il peut même arriver qu'ils perdent leur vis-à-vis en sautant du coq à l'âne.

Cette manière différente de percevoir le monde aura un effet sur la vie quotidienne. Ainsi, à une question comme « quelle heure est-il ? », le sensoriel répondra, par exemple, 10 h 25, tandis que l'intuitif dira qu'il est tard. À une demande d'information sur les ventes de la veille, le sensoriel répondra par un montant exact, tandis que l'intuitif dira que « ça a bien été ». Laissé à lui-même, le sensoriel se concentrera sur ce qu'il est en train de faire, tandis que l'intuitif songera à ce qu'il fera plus tard.

Êtes-vous « S » ou « N » ? Pour vous aider à répondre à cette question, nous vous présentons de nouveau une série d'énoncés ou de mots. Les « S » auront une préférence pour les énoncés ou les mots de la colonne de gauche, tandis que les « N » seront plus attirés par ceux de la colonne de droite. Faites cet exercice, puis nous traiterons des « S » et des « N » au travail.

TABLEAU 1.3

Comment percevez-vous le monde ?

Les préférences des sensoriels (S)	Les préférences des intuitifs (N)
☐ Je porte plus d'attention aux faits	☐ Je porte plus d'attention aux possibilités
☐ J'ai les deux pieds sur terre	☐ Je suis créatif
☐ Je fais confiance à mon expérience	☐ Je fais davantage confiance à mon instinct
☐ J'apprécie une certaine routine	☐ J'aime la nouveauté
☐ J'aime les idées pratiques	☐ J'aime les idées tout court
☐ Les faits	☐ Les tendances
☐ Le présent	☐ L'avenir
☐ La pratique	☐ L'innovation
☐ Le concret	☐ L'abstrait
☐ Le réel	☐ L'imaginaire
☐ Les preuves	☐ Les pressentiments

Au travail, devant le changement, les gens du type sensation résisteront en disant « si ce n'est pas brisé, ne le réparons pas », tandis que les intuitifs diront « changeons tout de suite et nous verrons ce qui se passera ».

L'adaptation à la routine ne plaît pas beaucoup à l'intuitif. Au travail, vous le verrez souvent avoir une idée qu'il juge emballante et qu'il mettra rapidement en œuvre pour se rendre compte, peu après, que son application l'ennuie. S'il n'a pas près de lui un type sensation pour prendre le projet en main, il est probable qu'il l'abandonnera, attiré par d'autres idées.

Devant un problème urgent, l'intuitif agacera son collègue sensoriel en traitant des implications futures de la situation, alors que son vis-à-vis ne pensera qu'à régler le problème présent. L'horizon temporel de chacun est différent.

Les gens sensoriels ont également leurs travers. Par exemple, ils sont horrifiés si le patron leur dit ceci : « Voici le plan général. Nous nous occuperons des détails plus tard. » Ils ne comprennent pas cette façon de procéder. Ils peuvent même retirer leur appui et leur confiance à un leader très efficace, mais qui a le tort de percevoir le monde différemment.

Les gens de type sensation peuvent repousser une décision urgente, parce qu'ils n'ont pas encore amassé suffisamment de faits et qu'ils ne se sentent pas prêts à décider.

Remarquez que les exemples que nous donnons pour vous aider à déterminer votre type sont caricaturaux et s'appliquent à des personnes dont les préférences sont extrêmes. Nous souhaitons que vous puissiez préciser votre type et c'est à cette fin que nous vous offrons ces exemples.

Nous pouvons présenter cette dichotomie de façon différente : les gens sensoriels perçoivent le monde de façon externe (tel que le rapportent leurs sens), tandis que les intuitifs le perçoivent de façon interne (l'apport des sens est intériorisé et traité avant d'être perçu). Nous verrons au cours des prochains chapitres que cette différence peut être à la base d'une complémentarité qui raffermira le processus de décision dans l'entreprise.

À ce stade de votre lecture, vous devriez avoir une bonne idée du pôle correspondant à votre préférence. Indiquez dans l'espace à la page suivante si vous êtes « S » ou « N ». Selon les individus, cette préférence sera plus ou moins marquée, mais inscrivez où vous vous situez, en décrivant ce que vous êtes vraiment et non ce que vous souhaiteriez être.

Je pense savoir comment je perçois le monde. C'est pourquoi je me décris comme un type sensoriel (inscrivez « S ») ou comme un type intuition (inscrivez « N »).

1.3.3 La troisième dimension : comment prenez-vous vos décisions ?

Après avoir perçu l'information par les sens ou par l'intuition, l'individu doit la traiter afin de prendre des décisions. Les uns préfèrent traiter l'information en utilisant la pensée ou la logique (le type « T », pour *Thinking*), les autres prennent leurs décisions en se fondant sur leurs sentiments (le type « F », pour *Feeling*).

Le type « T » aime, avant de prendre une décision, peser le pour et le contre et s'assurer que la décision prise correspond aux objectifs de l'entreprise. Il veut rester logique et est influencé par un raisonnement objectif. Les principes cachés derrière les décisions l'aident à décider. Pour lui, une décision logique est une bonne décision.

Le type « F » ne réserve pas à l'information accumulée le même traitement. Il décide davantage en fonction de ses valeurs et préfère l'harmonie à la logique. L'information personnelle qu'il possède sur les gens et la répercussion que la décision aura sur les autres influent sur lui.

Ainsi, il n'hésitera pas à dire un petit mensonge pour ne pas heurter la sensibilité d'un autre, tandis que le type « T » ne passera pas par quatre chemins pour dire ce qu'il pense à un vis-à-vis, quitte à le vexer pour la semaine. Chacun utilise une échelle différente pour décider de ce qu'il va faire. Ne vous attendez donc pas à ce qu'un « F » vous dise que votre nouvelle coiffure vous va mal ; il vous dira plutôt qu'elle vous confère un air différent.

Ces deux types ont également une façon différente de raconter. Le type « T » vous racontera un film en utilisant des éléments factuels (le jeu des acteurs, la précision du texte, le mariage judicieux de la musique et de l'action, etc.), tandis que le type « F » vous racontera le même film en fonction de l'émotion qu'il a ressentie en le regardant (« J'ai tellement aimé quand il est sorti du tribunal et que tous applaudissaient son courage... »).

Il ne faut pas en déduire que les « T » sont froids et que les « F » sont d'éternels sentimentaux. Ils ont tous deux un mode de décision logique, mais ces décisions ne sont pas basées sur les mêmes facteurs. Alors que les « T » se fondent sur les faits et ont une approche plutôt impersonnelle des problèmes, les « F » ont le nez rivé sur leurs valeurs et sur les conséquences que la décision aura sur les autres.

Êtes-vous « T » ou « F » ? Pour vous aider à répondre à cette question, nous vous offrons de nouveau une série d'énoncés ou de mots. Les « T » auront une préférence pour les énoncés ou les mots de la colonne de gauche, tandis que les « F » seront plus attirés par ceux de la colonne de droite.

TABLEAU 1.4

Comment prenez-vous vos décisions ?

Les préférences des analytiques (T)	Les préférences des sensibles (F)
☐ Je prends mes décisions en pesant le pour et le contre	☐ Je prends mes décisions en tenant compte de mes valeurs
☐ Je suis logique et analytique	☐ Je suis sensible et porté à l'empathie
☐ C'est plus important de dire la vérité, même si ça blesse quelqu'un	☐ C'est plus important de faire preuve de tact, quitte à mentir un peu
☐ Un bon argument logique peut me persuader	☐ Un argument émotif peut me persuader
☐ Tête	☐ Cœur
☐ Objectivité	☐ Subjectivité
☐ Justice	☐ Harmonie
☐ Détachement	☐ Bienveillance
☐ Analyse	☐ Sympathie
☐ Principes	☐ Valeurs
☐ Point de vue impersonnel	☐ Point de vue personnel

Au travail, les « T » et les « F » peuvent être aussi efficaces les uns que les autres. Cependant, leur comportement différera passablement selon les situations.

Dans une situation de conflit avec un collègue, par exemple, le type « F » se sent affecté et vit la situation avec difficulté, tandis que le type « T » analyse la situation avec détachement. Alors que le premier en souffre, le second évalue la situation logiquement en se disant : « Nous avons un désaccord et nous vivons une situation tendue. »

S'il faut congédier un employé, le type « T » agit plus promptement en justifiant la décision par le rendement déficient de l'employé en cause. Le type « F », par contre, analyse d'autres facteurs (sa situation familiale, le temps qu'il lui reste avant la retraite, etc.) et est tenté de repousser l'échéance en se justifiant au moyen d'éléments qui ne sont pas du ressort de l'entreprise.

Au moment de l'évaluation d'un employé, le type « T » évalue celui-ci en fonction de l'atteinte des objectifs, tandis que le type « F » l'évalue en fonction des efforts investis et des améliorations apportées depuis la dernière rencontre. Alors que l'un évalue en fonction de l'atteinte de la destination, l'autre se concentre sur la qualité du cheminement.

À ce stade de votre lecture, vous devriez avoir une bonne idée du pôle correspondant à votre préférence. Indiquez dans l'espace suivant si vous êtes de type « T » ou « F ». Selon les individus, cette préférence sera plus ou moins marquée, mais inscrivez où vous vous situez, en décrivant ce que vous êtes vraiment et non ce que vous souhaiteriez être.

Je pense savoir comment je prends des décisions. C'est pourquoi je me décris comme un type logique (inscrivez « T ») ou comme un type sentiment (inscrivez « F »).

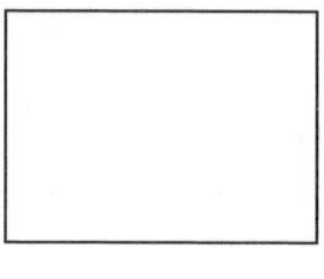

1.3.4 La quatrième dimension : quel est votre style de vie ?

Katharine Cook Briggs et Isabel Briggs Myers ont élaboré cette quatrième dimension de l'être humain. Jung l'avait mentionnée dans un seul paragraphe ; les deux chercheuses ont considéré que cette dimension était importante, car elle influe sur la façon dont chacune des autres préférences est exprimée.

Cette dernière série de préférences distingue le type jugement (« J ») et le type perception (« P »). Bien sûr, le mot jugement ne signifie pas que le type « J » émet des jugements sur tout ; il est plutôt porté à régler les choses, à organiser et à prendre des décisions.

Le type « J » aime planifier son travail et savoir où il va. Il gère son temps efficacement et prend rapidement ses décisions. Il trouve les interruptions agaçantes et souhaite régler les choses à l'avance, avant d'y être contraint. Il se concentre sur les tâches à accomplir et est fier de se donner les outils nécessaires pour les exécuter correctement.

Le type « P » a tendance à régler les problèmes au fur et à mesure qu'ils se présentent. Il laisse son horaire ouvert, au cas où des occasions se présenteraient. Il a tendance à reporter les décisions en attendant d'avoir accumulé assez d'information. Il se concentre sur les options et sur les processus. De plus, le type « P » est facilement distrait par les interruptions. En effet, s'il part faire des photocopies le matin et qu'il rencontre beaucoup de gens chemin faisant, les chances sont fortes que les photocopies ne soient pas faites quand midi sonnera.

À l'école, lorsqu'il avait un travail à long terme à faire, le « J » accomplissait ses travaux immédiatement ou planifiait rapidement le temps qu'il allouerait chaque semaine à ce travail. En revanche, le « P » attendait souvent la veille de la remise pour se mettre à l'ouvrage. Qui, selon vous, avait les meilleurs notes ? Contre toute attente, à talent égal, les résultats étaient équivalents ; le « P » travaille mieux sous la pression, tandis que le « J » est à son meilleur quand il ne se sent pas pressé par le temps. Cette attitude relève de la façon de gérer le stress et l'efficacité. En fait, si un type « P » avait entrepris son travail à l'avance, avant que les délais imposés par le professeur ne fassent grimper son taux d'adrénaline, il est probable qu'il aurait connu un moins bon rendement et que son plaisir aurait été moins élevé. Le « P » est au mieux dans la spontanéité.

Êtes-vous de type « J » ou « P » ? Pour vous aider à répondre à cette question, nous vous présentons de nouveau une série d'énoncés ou de mots. Les « J » auront une préférence pour les énoncés ou les mots de la colonne de gauche, tandis que les « P » seront plus attirés par la colonne de droite.

TABLEAU 1.5

Quel est votre style de vie ?

Les préférences des types jugement (J)	Les préférences des types perception (P)
☐ Je prends mes décisions rapidement et facilement	☐ Prendre une décision me rend anxieux
☐ Je préfère que les choses soient réglées	☐ Je préfère ne rien couler dans le béton
☐ C'est important pour moi d'avoir la maîtrise de ce qui se passe	☐ C'est important de laisser les autres participer
☐ Je suis très organisé	☐ Il m'arrive de perdre certains dossiers
☐ Organisation	☐ Flexibilité
☐ Structure	☐ Cheminement
☐ Maîtrise	☐ Expérience
☐ Décision	☐ Curiosité
☐ De façon délibérée	☐ Spontanéité
☐ Plan	☐ Improvisation
☐ Échéances	☐ Découvertes
☐ Direction	☐ Compréhension

Comment cette dimension se traduit-elle au travail ? Pour illustrer la première différence, supposons qu'un type « J » et qu'un type « P » reçoivent tous deux une invitation à participer à une séance de formation.

Le type « J », qui procède par jugement, prend le temps de lire le dépliant publicitaire et, intéressé, il consulte son agenda. Il s'aperçoit qu'il est libre le jour où la formation aura lieu et décide s'il veut y participer. Si sa réponse est positive, il s'inscrit sur-le-champ. Si la réponse est négative, il met la publicité au panier.

Le type « P », qui agit sous le mode de la perception, s'y prend autrement. Dans un premier temps, tout comme le type « J », il consulte la publicité et son agenda. Si la formation l'intéresse et qu'il est libre cette journée-là, il se dit que ce serait intéressant d'y participer. Mais il ne s'inscrit pas immédiatement. Tant de choses pourraient survenir d'ici là et il souhaite rester ouvert à tout ce qui se présentera. Il décide de reporter à plus tard son inscription, mais, pour ne pas perdre le formulaire, il le laisse sur son bureau.

Les différences ne s'arrêtent pas là. Pour le « P », le temps est élastique et il acceptera souvent plus de travail qu'il ne lui est possible d'en faire, quitte à travailler à toute vitesse pour respecter ses engagements.

À ce stade de votre lecture, vous devriez avoir une bonne idée du pôle correspondant à votre préférence. Indiquez dans l'espace suivant si vous êtes de type « J » ou « P ». Selon les individus, cette préférence sera plus ou moins marquée, mais inscrivez où vous vous situez, en décrivant ce que vous êtes vraiment et non ce que vous souhaiteriez être.

Je pense connaître mon style de vie préféré. C'est pourquoi je me décris comme de type jugement (inscrivez « J ») ou de type perception (inscrivez « P »).

1.4 Votre type psychologique

Vous avez trouvé vos préférences dans quatre dimensions de votre vie et les avez désignées par une lettre. Les quatre lettres que vous avez choisies constituent votre type psychologique. Indiquez dans l'espace suivant vos quatre réponses précédentes.

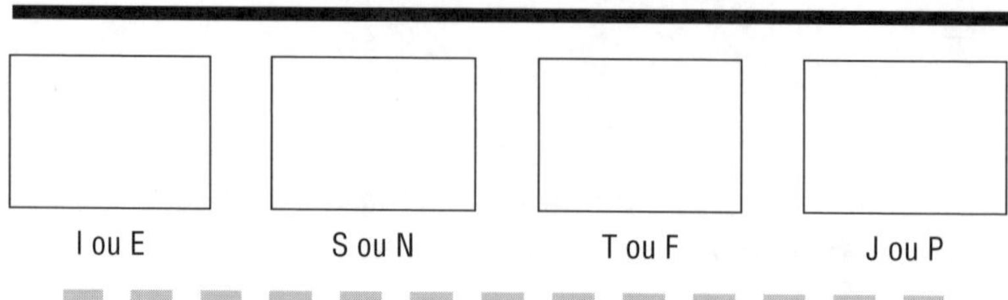

Il existe 16 types psychologiques. Ils sont présentés dans le tableau suivant.

TABLEAU 1.6

Les 16 types psychologiques

ISTJ	ISFJ	INFJ	INTJ
ISTP	ISFP	INFP	INTP
ESTP	ESFP	ENFP	ENTP
ESTJ	ESFJ	ENFJ	ENTJ

Voici quelques statistiques à propos de ces 16 types psychologiques. En Amérique du Nord, 70 % des individus sont « E », 70 % sont « S » et 55 % sont « J », sans égard au sexe. Toutefois, la dimension T – F varie selon le sexe. En Amérique du Nord toujours, 60 % parmi les hommes sont « T » et 60 % parmi les femmes sont « F ».

Nous verrons plus loin que l'on retrouve certains types en majorité dans certaines professions. Cette information peut vous aider à vous adapter lorsque, par exemple, vous devez vous présenter devant un banquier pour une demande de crédit ou pour un emprunt.

1.4.1 Des indications générales sur les types

- *Les préférences sont interreliées et exercent une influence les unes sur les autres.*

  Nous verrons au prochain chapitre que, selon votre type, une préférence est dominante et se distingue des autres. De même, une personne qui utilise l'intuition pour percevoir le monde ne le fera pas de la même façon selon qu'elle est introvertie ou extravertie. Il faut comprendre l'ensemble du type et non ses seules composantes.

- *Le degré de préférence varie d'une personne à l'autre.*

  Deux personnes de type « E », par exemple, ne le sont pas nécessairement au même degré. Une préférence s'inscrit sur une échelle qui va d'un extrême à l'autre.

- *Il n'y a pas de mauvais type.*

  La théorie des types psychologiques mise sur les forces de chaque individu. Elle démontre que chacun, quel que soit son type, apporte quelque chose à sa famille, à son entreprise et à la société. Tous les types psychologiques ont de la valeur et chaque type est nécessaire. De plus, les types sont complémentaires : l'équipe qui sait relever et utiliser les forces de ses membres obtient un rendement plus élevé que les autres.

- *Une « préférence » n'est pas nécessairement une « habileté ».*

  Si, par exemple, vous privilégiez la pensée logique au moment de prendre des décisions, cela ne signifie pas nécessairement que vous prendrez des décisions éclairées et efficaces. Toute acquisition d'habileté demande des efforts, et une meilleure connaissance de votre type vous aidera à déterminer où vous avez intérêt à investir ces efforts.

1.4.2 Comment être certain de votre type

Les tests que vous avez effectués dans ce chapitre constituent une initiation à la théorie des types psychologiques. Si vous souhaitez aller plus en profondeur et en apprendre davantage sur vous-même, nous vous invitons à passer l'Indicateur MBTI (*Myers-Briggs Type Indicator*).

Ce test, basé sur les travaux de Jung, est le fruit d'un travail acharné qui s'est échelonné sur 35 ans. L'inventaire des particularités de la personnalité qui en résulte est scientifiquement valable. Ses fondements sont solides. En outre, les statistiques prouvent qu'il est fidèle et valide.

En effet, lorsqu'un individu refait le test de l'Indicateur cinq ans après la première fois, les statistiques indiquent que ses résultats sont les mêmes. Au pire, il peut y avoir une variation pour une seule dimension (généralement une dimension qui montrait une faible préférence la première fois).

L'Indicateur ne peut cependant pas être utilisé à tort et à travers et il ne constitue pas une panacée aux problèmes organisationnels. Il a des limites dont nous traiterons aux chapitre 4 et 8. Toutefois, si vous souhaitez en apprendre davantage, nous vous invitons à consulter les ressources (bibliographiques et autres) inscrites à la fin de ce livre.

EXERCICE 1.1

Trouvez le type

1. Choisissez quelqu'un que vous connaissez bien (un conjoint ou un ami) et tentez de trouver son type en relisant le chapitre. Demandez-lui ensuite de lire ce chapitre et de déterminer son type. Comparez vos résultats et engagez une discussion sur le sujet.

2. Certaines professions ou activités attirent majoritairement des individus faisant partie d'un type psychologique donné. Reprenez la lecture de ce chapitre en vous demandant quel peut être le type psychologique le plus courant chez :

   - les banquiers ;
   - les poètes ;
   - les bénévoles.

Chapitre 2

Les 16 types psychologiques

2.1 Une mise en situation

Un lecteur critique

Après la lecture du premier chapitre de cet ouvrage, Chantal referma le livre et le déposa devant elle. Les principes présentés lui étaient certes séduisants, mais une pensée la dérangeait et nuisait à sa lecture. Perdue dans ses réflexions, elle se leva et se fit un café.

Le livre parlait de quatre séries de préférences et, sur le fond, elle était d'accord. Toutefois, elle avait des objections quant au fait que ces préférences seraient innées.

Chantal se disait qu'en vieillissant ses préférences avaient changé et que la théorie ne tenait pas. Ainsi, elle gardait autrefois ses pensées pour elle et utilisait surtout la logique pour décider, mais elle avait commencé, à la suite d'un conflit avec son conjoint, à se révéler davantage et à utiliser ses valeurs ou ses sentiments quand venait le temps de prendre une décision.

Les hypothèses sur lesquelles reposait le volume étaient-elles fausses ? Son café à la main, Chantal replongea dans sa lecture.

2.2 La dominante, la complémentaire, la tertiaire et la mineure

Les appréhensions de Chantal sont fondées. Il est vrai que, tout au long de notre vie, nos habiletés changent et notre capacité à bien utiliser nos préférences semble changer également.

Cependant, avant d'aborder la question du développement humain, penchons-nous sur la dynamique des types. Cela nous permettra de comprendre comment s'articulent entre elles les différentes préférences d'un être humain. Vous verrez que pour chaque type psychologique, il y a une fonction dominante, une fonction complémentaire, une fonction tertiaire et une fonction mineure.

Il existe entre vos préférences une certaine hiérarchie qui varie d'un type à l'autre, en fonction du mode de vie préférée (quatrième dimension) et de l'endroit où vous préférez puiser votre énergie (première dimension). Les préférences dans ces deux dimensions orientent vos préférences quant aux deuxième et troisième dimensions, à savoir votre perception du monde et votre façon de prendre vos décisions (les deux lettres centrales de votre type).

Ces préférences quant à la perception du monde ou à la façon de prendre vos décisions déterminent les fonctions *dominante, complémentaire, tertiaire* et *mineure* de votre personnalité. Le tableau suivant présente la hiérarchie de chacune de ces fonctions pour chaque type psychologique.

TABLEAU 2.1

Les fonctions dominante, complémentaire, tertiaire et mineure pour chaque type psychologique

Type	Dominante	Complémentaire	Tertiaire	Mineure
ISTJ	Sensation (S)	Pensée (T)	Sentiment (F)	Intuition (N)
ISTP	Pensée (T)	Sensation (S)	Intuition (N)	Sentiment (F)
ESTP	Sensation (S)	Pensée (T)	Sentiment (F)	Intuition (N)
ESTJ	Pensée (T)	Sensation (S)	Intuition (N)	Sentiment (F)
ISFJ	Sensation (S)	Sentiment (F)	Pensée (T)	Intuition (N)
ISFP	Sentiment (F)	Sensation (S)	Intuition (N)	Pensée (T)
ESFP	Sensation (S)	Sentiment (F)	Pensée (T)	Intuition (N)
ESFJ	Sentiment (F)	Sensation (S)	Intuition (N)	Pensée (T)
INFJ	Intuition (N)	Sentiment (F)	Pensée (T)	Sensation (S)
INFP	Sentiment (F)	Intuition (N)	Sensation (S)	Pensée (T)
ENFP	Intuition (N)	Sentiment (F)	Pensée (T)	Sensation (S)
ENFJ	Sentiment (F)	Intuition (N)	Sensation (S)	Pensée (T)
INTJ	Intuition (N)	Pensée (T)	Sentiment (F)	Sensation (S)
INTP	Pensée (T)	Intuition (N)	Sensation (S)	Sentiment (F)
ENTP	Intuition (N)	Pensée (T)	Sentiment (F)	Sensation (S)
ENTJ	Pensée (T)	Intuition (N)	Sensation (S)	Sentiment (F)

La fonction dominante dirige prioritairement votre personnalité. Il s'agit soit d'une façon de percevoir le monde (S ou N), soit d'une façon de prendre des décisions (T ou F).

Votre fonction dominante est celle à laquelle vous recourez le plus souvent et le plus naturellement. Elle influe sur votre personnalité, elle modifie la façon dont vous utiliserez les autres fonctions et elle est à la base de ce que vous êtes.

Ainsi, si votre dominante est la sensation (S), les détails vous préoccupent beaucoup et ce sont eux qui attirent votre attention dans la vie de tous les jours. Vous avez tendance à croire ce que vous disent vos sens et à mettre en doute ce qui n'est pas vérifiable au moyen de la vue, de l'ouïe, de l'odorat, du toucher ou du goût.

Si votre dominante est l'intuition (N), vous êtes beaucoup plus intéressé par le portrait d'ensemble d'une situation et par les possibilités qui pourraient en résulter. Vous préférez parler d'engagement, de relation ou d'idée plutôt que de vous attarder aux faits. Ainsi, en écoutant un discours, vous retiendrez davantage les idées et le sens des paroles que les mots qui ont été utilisés pour faire passer le message.

Si votre dominante est la pensée (T), vous ressentez le besoin de prendre une décision basée sur la logique qui tiendra compte prioritairement des objectifs que vous poursuivez. À vrai dire, vous êtes même fier de votre esprit d'analyse.

Finalement, si votre dominante est le sentiment (F), vous avez de la difficulté à comprendre qu'on puisse prendre des décisions éclairées en se basant sur la seule logique. Pour vous, une bonne décision est prise en tenant compte de vos valeurs et des sentiments qui vous animent. Cela ne veut pas dire que vous ne prenez pas de décisions logiques, mais que vos décisions sont logiques en regard de vos valeurs. Vous tenez constamment compte de ceux qui vous entourent. La répercussion qu'aura la décision sur eux pèse aussi lourd dans la balance que les seuls objectifs de l'entreprise.

La fonction complémentaire vient équilibrer la fonction dominante. Si votre fonction dominante en est une de perception (S ou N), votre fonction complémentaire relèvera de votre façon de prendre vos décisions (T ou F) et vice versa.

Sans l'apport d'une fonction complémentaire bien développée, ceux dont la dominante est S ou N passeraient leur temps à accumuler de l'information et auraient de la difficulté à prendre des décisions. Quant à ceux dont la dominante est T ou F, ils risqueraient de prendre des décisions non fondées, parce qu'ils ne se seraient pas donné la peine, au préalable, d'aller chercher l'information nécessaire pour prendre une décision éclairée.

La fonction tertiaire est le pendant de la fonction complémentaire. Par exemple, si votre fonction complémentaire est l'intuition (N), votre fonction tertiaire sera la sensation (S). Si votre fonction complémentaire est la pensée (T), votre fonction tertiaire sera le sentiment (F).

La fonction mineure est l'inverse de la fonction dominante. Étant donné que vous utilisez le moins souvent cette fonction, vous ne la maîtrisez pas parfaitement et elle constitue votre point faible. Elle peut vous jouer de mauvais tours. C'est elle qui vous domine dans des situations de stress qui vous font perdre la maîtrise de vous-même. Rappelez-vous ces jours où vous avez été surpris de votre comportement ou avez découvert que vous n'étiez plus vous-même. C'est probablement votre fonction mineure qui vous dominait à ce moment-là.

2.3 Le développement du type

Posons-nous maintenant, à l'instar de Chantal, la question suivante : Le fait que certaines activités qui ne vous intéressaient pas étant jeune vous passionnent maintenant signifie-t-il que votre type psychologique a changé avec l'âge ?

Selon la théorie des types psychologiques, votre type psychologique est inné et ne change pas, même si vos goûts évoluent avec le temps. Voici succinctement comment la théorie explique les changements qui surviennent pendant la vie.

- De la naissance à l'adolescence, nous développons notre fonction dominante. Nous sommes, alors, hautement spécialisés et nous concentrons nos efforts sur l'amélioration de notre compétence par rapport à ce qui constitue notre force naturelle. Si nos parents encouragent l'usage de cette fonction dominante, nous acceptons celle-ci et nous la développons harmonieusement. Si, au contraire, nos parents tentent de nous imposer leurs propres préférences (pensons aux parents « S » qui poussent leur enfant à refouler une dominante « N »), nous grandissons sans développer ce qui aurait pu s'avérer notre principal outil de croissance dans la vie. C'est ainsi que certaines personnes en viennent, malgré leur préférence innée, à ne pas maîtriser l'habileté qu'il leur semble le plus naturel d'utiliser.

- Par la suite, jusqu'à l'âge de 25 ans, nous apprenons à utiliser notre fonction complémentaire. À la fin de cette période, nous acquérons de la maturité et notre personnalité est clairement déterminée. Cela ne signifie pas pour autant que notre croissance personnelle est achevée.

- Au mitan de la vie, survient une période où l'être humain se remet en question ; il se demande, rétrospectivement, s'il a fait les bons choix dans le passé. Par exemple, le type « P » considérera qu'il a suffisamment joué à la cigale et qu'il devrait épargner en vue de sa retraite. Durant cette période, nous commençons également à nous adonner à des passe-temps qui permettent d'utiliser les fonctions qui, jusque-là, avaient été ignorées ou négligées. Nous développons nos fonctions tertiaires et mineures.

Remarquez que le mitan de la vie, au sens où nous l'entendons, ne survient pas nécessairement au milieu de la vie. Il peut être provoqué par des événements qui obligeront l'individu, dès la vingtaine, à se remettre en question et à développer les fonctions qui sont restées dans l'ombre.

C'est ce qui est arrivé à Chantal. Celle-ci est une « T » pure. Elle a toujours utilisé sa fonction dominante, la pensée logique, pour prendre des décisions. Au moment où elle connut un problème avec son conjoint, elle se remit en question et prit la décision de développer davantage sa fonction mineure « F ». Depuis, elle a appris à utiliser à la fois son côté « T » et son côté « F ».

Ainsi, durant la première partie de notre vie, nous nous spécialisons, c'est-à-dire que nous développons nos fonctions dominante et complémentaire, et durant la seconde partie, nous devenons généralistes, c'est-à-dire que nous améliorons notre personnalité de façon à utiliser les quatre fonctions (S, N, T et F).

Ce cheminement est, bien sûr, le cheminement idéal que nous avons avantage à suivre ; tous n'arrivent pas à le parcourir. Au chapitre 6, nous verrons comment appliquer sur le plan individuel les enseignements de la théorie des types psychologiques.

2.4 Les types psychologiques au travail

Nous présentons maintenant une description de chacun des 16 types psychologiques. La lecture des particularités de votre type psychologique vous apprendra à la fois à mieux vous connaître et à confirmer votre choix.

La présentation de chaque type psychologique suit la structure suivante : d'abord, nous donnons la désignation du type et de ses quatre caractéristiques principales, la dénomination clé du type et ce que nous appelons « la devise » de ce type. Ensuite, nous détaillons son comportement au travail, ses qualités et la façon dont il interagit avec ses collègues.

La présentation des 16 types psychologiques constitue un portrait global de chaque type. Cependant, même si l'on peut regrouper les individus de chaque type selon certaines caractéristiques, chacun se différencie des autres sur certains points et demeure unique aux yeux de son entourage.

La théorie ne vise pas à étiqueter la totalité des êtres humains ; elle a pour but de mieux les connaître, ainsi que de prévoir et de mieux comprendre leurs comportements. Il est donc possible que la personnalité d'un individu ne corresponde pas en tous points à l'ensemble de la description de son type.

2.4.1 Le ISTJ : introversion, sensation, pensée, jugement

L'inspecteur

La devise : Organisons tout cela parce que l'univers ne supporte pas le désordre.

L'inspecteur se concentre sur les données perçues par les sens et il les analyse de façon impersonnelle par un raisonnement logique de cause à effet.

Fiable, tenace et travailleur acharné, ne craignant pas de subordonner sa vie familiale aux tâches en cours, le ISTJ agit promptement et, s'il entreprend un projet, les chances sont grandes qu'il le rende à terme, sans se laisser distraire.

Il apprécie les structures et l'autorité hiérarchique. Si on lui donne un ordre, il s'exécute et rend le travail à l'heure convenue. S'il donne un ordre, il s'attend au même comportement et ne supporte pas longtemps l'incompétence ou la désobéissance.

Pour prendre une décision, il est pratique et tient compte des autres décisions qui l'ont bien servi dans le passé. Il garde les deux pieds sur terre et analyse les problèmes en utilisant la logique et l'impartialité.

Perfectionniste, très attentif aux détails, il sait reconnaître un travail bien fait et soigne ses propres travaux. Il aime l'ordre : ses documents sont toujours classés et il peut les retrouver aisément.

Il apprécie qu'on lui parle en se fondant sur des faits plutôt que sur des opinions et qu'on suive une progression logique dans sa présentation. Il écoute alors avec attention, mais en raison de son introversion, son langage corporel ne communique pas les sentiments qu'il éprouve devant les propos de son interlocuteur.

2.4.2 Le ISTP : introversion, sensation, pensée, perception

L'artisan

La devise : Faisons-le !

L'artisan se concentre sur les données perçues par ses sens et il préfère utiliser la logique pour décider.

Le ISTP sait naturellement comment les choses fonctionnent. On n'a pas à lui expliquer longuement le fonctionnement d'une machine pour qu'il se forge une représentation mentale de ses composantes.

Honnête et pragmatique, le ISTP préfère l'action à la réflexion. Il est au mieux de sa forme dans les situations de crise. Grâce à son calme, dont l'effet est apaisant sur les autres, il sait prendre les commandes.

Plus technicien que théoricien, il accumule une foule de renseignements sur le domaine qui lui tient à cœur. Il n'éprouve aucune difficulté à récupérer cette information pour présenter à ceux qui l'entourent des solutions réalistes et applicables aux situations immédiates.

Par rapport à la bureaucratie, il n'hésite pas à contourner les règles pour que le travail se fasse plus rapidement. Il peut même cantonner les autres dans le rôle d'observateur et faire tout le travail lui-même. Il a l'impression que travailler en équipe diminue son rendement, d'autant plus qu'il considère que le temps investi pour faire participer les autres est du temps perdu.

Sur le plan du leadership, il dirige en donnant l'exemple. Sa réserve le fait parfois paraître froid aux yeux de certains. En société, il préfère avoir quelques bons amis plutôt que de nombreuses connaissances. Enfin, si on lui pose une question, il répond de façon directe et détaillée, sans figure de style ni métaphore.

2.4.3 Le ESTP : extraversion, sensation, pensée, perception

Le promoteur

La devise : Tirons le maximum du moment présent.

Le promoteur perçoit le monde par les sens et prend chacune de ses décisions en utilisant la logique.

Bon vivant et très actif, il a tendance à profiter du moment présent plutôt qu'à préparer l'avenir. Il se dit : on n'a qu'une vie à vivre. Cela a souvent pour effet de le précipiter dans des situations de crise qu'il n'a pas prévues. Il aurait pu éviter ces crises s'il avait fait un minimum de planification.

Toutefois, il excelle dans ce genre de situation. Pragmatique et très persuasif, il peut négocier des compromis qu'il défend avec logique et assurance. Au besoin, il allégera l'atmosphère avec une pointe d'humour.

Réaliste et curieux, il observe ce qui se passe autour de lui et sa mémoire lui permet de retenir une foule de détails. Préférant l'action à la conversation, il mène souvent plusieurs projets de front. Il sait prendre des risques.

Il se fait amical et charmant mais, si on ne répond pas à sa question de façon directe et détaillée, il retire son attention. Il n'aime pas les longues réponses alambiquées ou la présentation de théories qui ne peuvent être appliquées immédiatement.

Enfin, pour lui, le temps est élastique : s'il en a peu pour accomplir une tâche, il se lance à fond de train et termine le travail rapidement. S'il a tout son temps, il réduit son rythme et achève le travail au moment de l'échéance, ce qui lui permet, entre-temps, de profiter de la vie. Dans les deux cas, le travail répond adéquatement aux besoins de l'entreprise.

2.4.4 Le ESTJ : extraversion, sensation, pensée, jugement

Le superviseur

La devise : Pour que ça marche, on doit bien administrer.

Le superviseur perçoit le monde par les sens et prend ses décisions en utilisant la logique. Il voit les choses comme elles sont et ne va pas au-delà des faits.

Le ESTJ veut que le travail se fasse et qu'il soit bien fait. Il ressent constamment le besoin de voir les projets avancer, ce qui est à l'origine de son incapacité à relaxer. Pour lui, il y a tant à faire !

Pour accélérer les choses, il n'hésite pas à prendre en main les opérations et à indiquer à chacun ce qui est attendu de lui. Il aime organiser, diriger et planifier. Il a une bonne mémoire et peut rapidement déceler les failles dans les arguments de son interlocuteur. Son souci du détail le porte à s'assurer régulièrement de la qualité du travail de chacun.

Orienté vers le présent et vers la résolution des problèmes à court terme, il sait décider rapidement, utilisant comme cadre de référence ses succès passés.

Il est conservateur. Il respecte les structures et la hiérarchie en place. Les décisions qu'il prend ne remettent jamais en question les politiques courantes. Une fois sa décision prise, il l'explique en termes clairs et directs à ceux qui l'entourent et est très surpris lorsque quelqu'un n'est pas d'accord avec lui. Il sait qu'il a raison.

Responsable, consciencieux et fidèle à ses engagements, le ESTJ superviseur sait se montrer grégaire et amical. Sur le plan interpersonnel, on pourrait le qualifier d'authentique, car il se montre aux autres tel qu'il est, sans tenter de maquiller son visage public. Avec lui, les autres savent à quoi s'attendre.

2.4.5 Le ISFJ : introversion, sensation, sentiment, jugement

Le protecteur

La devise : Si qui que ce soit a besoin de moi, je suis disponible.

Le protecteur perçoit le monde avec ses cinq sens et il prend ses décisions en se basant sur ses valeurs.

Si vous vivez une période difficile, tant au travail que dans votre vie privée, vous êtes bien chanceux si un ISFJ est dans votre entourage. Il s'est donné pour mission d'aider les autres et il tire une grande satisfaction dans le sentiment que d'autres peuvent avoir besoin de lui.

Il se donne beaucoup de mal pour vous aider et est ravi si vous réussissez grâce à lui. Modeste et tranquille, le ISFJ protecteur demeure souvent dans l'ombre, laissant le projecteur se tourner sur d'autres. Cela a pour effet qu'on puisse le « tenir pour acquis » et qu'on sous-estime son travail réel. Cependant, quelle perte le jour où il n'est plus là ! La personne qui bénéficie le plus de sa proximité comprend, alors, tout le travail que le ISFJ effectuait.

Minutieux et réaliste, le ISFJ travaille bien en solitaire. Pourvu d'une grande éthique, il aborde les problèmes d'une façon réaliste et propose des solutions pratiques, simples à mettre en place, qui sont respectueuses des structures et des gens. Il aime la stabilité et ne nourrit aucune pensée révolutionnaire. Pour lui, il y a une place pour chaque chose et chaque chose a sa place. Il vit dans le présent.

Gentil, sympathique et plein de tact, le ISFJ se dévoile peu aux autres et il n'est pas toujours facile de savoir ce qu'il pense réellement. Si un conflit survient au travail, il est rempli d'un grand malaise et préfère l'éviter, espérant intérieurement qu'il se réglera tout seul. Un conflit qui s'étire constitue une véritable torture pour lui.

2.4.6 Le ISFP : introversion, sensation, sentiment, perception

Le compositeur

La devise : Les gestes en disent plus que les mots.

Le compositeur perçoit le monde avec ses cinq sens et prend ses décisions en se basant sur ses valeurs.

Si vous souhaitez connaître ce que pense un ISFP et quelles valeurs l'animent, ne le lui demandez pas ; privé et modeste, il se révèle peu. C'est en le regardant agir que vous pouvez prendre conscience des choses et des idées auxquelles il tient. Son comportement fait croire qu'il est froid et calme. Il ne révèle son côté chaleureux et enthousiaste qu'à ceux qui le connaissent. Intérieurement, il bouillonne d'énergie.

Il accepte les autres tels qu'ils sont et ne tente pas de les changer. Gentil et sensible, il aime prendre soin de ceux qui l'entourent au fur et à mesure que des besoins se présentent. Il complimente plus qu'il ne critique. En fait, l'idée de critiquer le rend mal à l'aise. Heureusement, il est patient.

Au travail, il vit au présent et sait garder les deux pieds sur terre. C'est un bon planificateur à court terme et, en situation de crise, il voit souvent des solutions simples quand tous étaient prêts à lancer la serviette.

Il préfère les nouveaux projets et la routine l'ennuie. Quand il travaille en équipe, il ne ressent pas le besoin de dominer et préfère la coopération à la hiérarchie. Si on le nomme directeur de projet, il agit comme un simple membre de l'équipe et s'attend à ce que chacun mette l'épaule à la roue pour faire un succès du défi en cours. Il a beaucoup de difficulté, lorsqu'un membre de l'équipe ne fait pas l'affaire, à lui indiquer la porte.

2.4.7 Le ESFP : extraversion, sensation, sentiment, perception

Le performant

La devise : Ce n'est pas parce que nous sommes au travail que nous ne devons pas avoir du plaisir.

Le performant perçoit le monde avec ses cinq sens et il prend ses décisions en se basant sur ses valeurs.

Sympathique, de bonne humeur et toujours prêt à aller au-devant des gens, le ESFP ajoute du plaisir au travail. Enthousiaste et coopératif, il voit toujours le bon côté des choses. Si, par malheur, aucun bon côté ne peut être trouvé dans une situation, il se contente de l'ignorer. Il n'hésite pas, au grand plaisir de ses compagnons de travail, à faire le bouffon pendant une fête.

Vivant dans le présent, il sait découvrir rapidement et efficacement des solutions claires et concrètes aux problèmes en cours, mais il ne les révèle qu'après avoir mesuré les effets que ses propositions peuvent avoir sur les gens. S'il pense que les conséquences peuvent être négatives, il ne fait pas de proposition.

Capable de mener beaucoup de projets de front, le ESFP accepte les gens tels qu'ils sont et les laisse travailler à leur rythme. Grégaire, généralement ouvert envers tout le monde, il se tait néanmoins lorsqu'il perçoit que son interlocuteur peut être heurté par son opinion. Il sait pratiquer l'autocensure pour ne pas blesser son interlocuteur.

À l'aise dans le contexte bureaucratique et conscient que les règles ont été instituées pour être transgressées à l'occasion, il n'hésite pas à représenter un collègue pour obtenir en son nom une permission spéciale. Du reste, il considère normal d'aider les autres et pense que, si tous sont heureux dans l'entreprise, la rentabilité s'ensuivra.

2.4.8 Le ESFJ : extraversion, sensation, sentiment, jugement

Le pourvoyeur

La devise : Vous pouvez me faire confiance.

Le pourvoyeur perçoit le monde avec ses cinq sens et il prend ses décisions en se basant sur ses valeurs et sur les conséquences que la décision aura sur ceux avec qui il travaille.

Si vous présentez un problème à un ESFJ, ne vous attendez pas à des conseils ou à la présentation d'une théorie propre à vous éclairer et à vous conseiller. Vous le verrez plutôt retrousser ses manches et vous apporter une aide pratique et immédiate. Serviable et bienveillant, il aime apporter son aide par l'action et par la coopération. Il n'accepte pas de vous laisser souffrir seul.

Cette façon d'appréhender le travail est communicative. Enthousiaste et coopératif, il vous pousse au travail en mobilisant votre énergie et en vous transmettant le désir du dépassement. Tant en gestes qu'en paroles, il sait transmettre la mission de l'entreprise et le désir d'atteindre ses objectifs.

Le ESFJ accepte les gens tels qu'ils sont. Il fait appel à la bonne volonté de chacun et, généralement, son équipe le lui rend bien. Peu intéressé par les domaines théoriques ou techniques, il se sent à l'aise dans des tâches qui lui permettent d'aider les autres à travailler en groupe pour régler les problèmes immédiats. Il est peu doué pour la planification à long terme.

Consciencieux et animé d'un fort sentiment du devoir à accomplir, le ESFJ pourvoyeur est ordonné et se rappelle très aisément les détails importants. Il ne laisse pas facilement passer de faussetés ou de simples approximations sur des éléments qu'il juge importants. Toutefois, s'il doit reprocher quelque chose, il le fait avec gentillesse et bon goût.

2.4.9 Le INFJ : introversion, intuition, sentiment, jugement

Le conseiller

La devise : Voici le chemin à suivre. Souhaitez-vous que je vous y conduise ?

Le conseiller perçoit le monde avec son intuition et il prend ses décisions en se basant sur ses valeurs.

Bien que son cercle d'amis intimes soit restreint, le INFJ conseiller est gentil avec tout le monde. Bienveillant et perspicace, il aime l'harmonie et tient toutes ses promesses.

Le INFJ vit dans un monde de pensée. Pour lui, un nouveau problème constitue une occasion passionnante d'utiliser son intuition et de trouver des solutions qui correspondent à sa vision et à son idéal.

Il fait beaucoup confiance à son intuition, dont il se sert même hors du travail. Il l'utilise également pour aider les autres. Une idée qui lui vient à l'esprit subitement et clairement lui paraît aussi bonne que celle à laquelle parviendra un autre au prix d'efforts et de logique. Il défend sa pensée et se montre très persuasif, même si son interlocuteur se montre sceptique.

Le INFJ préfère les activités qui requièrent solitude et concentration. Il adore qu'on lui demande de trouver des solutions, mais il préfère les trouver en solitaire plutôt que dans une réunion. Il s'attelle alors à la tâche, travaillant avec intégrité, concentrant son esprit sur la problématique à l'étude, attentif à la solution qui ne tardera pas à jaillir de son subconscient.

Quand il occupe un poste de direction, il tente d'inspirer un idéal, de communiquer une vision d'entreprise et il exerce doucement son influence, sans exiger des modifications immédiates dans les comportements de ses subalternes.

2.4.10 Le INFP : introversion, intuition, sentiment, perception

Le guérisseur

La devise : Rendons la vie des autres plus agréable.

Le guérisseur perçoit le monde avec son intuition et il prend ses décisions en se basant sur ses valeurs.

Pour être efficace au travail, le INFP doit avoir l'impression de travailler à une cause qui correspond à ses valeurs. S'il doit travailler uniquement pour assurer sa subsistance, sans cause à défendre ou sans idéaux à atteindre, son rendement diminue et il peut même se rebeller. Son travail doit servir à quelque chose.

En matière de relations interpersonnelles, le INFP est partisan du principe « vivre et laisser vivre ». Il est enthousiaste et communique bien en petit groupe. Cependant, il peut parfois être si absorbé par son travail qu'il ignore ceux qui l'entourent. Quand il trouve du temps pour interagir, il parle surtout de ce qui lui tient à cœur et est naturellement plus enclin à complimenter qu'à critiquer.

Autonome, le INFP aime apprendre (s'il est clair que l'apprentissage le rapproche de ses idéaux) et il est constamment à l'affût des innovations susceptibles d'améliorer le travail et des tendances qui se dessinent dans le marché. Autonome, il est parfois porté à entreprendre trop de projets à la fois.

Il est très persuasif lorsqu'il défend une idée qui lui tient à cœur ; il sait imposer une vision commune et dresser un tableau de l'avenir qui galvanise ceux qui l'entourent et les fait redoubler d'ardeur.

Lui-même redouble d'ardeur s'il est régulièrement félicité et si son travail est apprécié par un membre de l'organisation qu'il admire.

2.4.11 Le ENFP : extraversion, intuition, sentiment, perception

Le champion

La devise : Ce sont les gens qui font l'entreprise.

Le champion perçoit le monde avec son intuition et il prend ses décisions en se basant sur ses valeurs.

Le ENFP adore penser et sait trouver rapidement les solutions aux problèmes. Il est constamment à la recherche de nouvelles possibilités et n'attend pas qu'un problème se pose pour proposer des changements. Lorsqu'il propose une idée, il est convaincant.

Ingénieux, plein de verve et d'imagination, il peut atteindre le succès dans tout ce qui l'intéresse. Cela peut s'expliquer par sa grande capacité à voir les forces de ceux qui l'entourent et à combiner ses talents personnels aux aptitudes des autres. Il estime les autres, les comprend et leur confie les tâches les mieux adaptées à leurs capacités.

Capable de deviner ce qui motive les autres, il est en mesure d'entretenir leur ardeur au travail avec une énergie et un enthousiasme contagieux.

Le ENFP improvise plus qu'il ne prépare. Ainsi, il lance plusieurs projets mais n'a pas la patience d'en assurer le suivi. Heureusement, il trouve habituellement quelqu'un qui a toutes les qualités requises pour continuer le projet, tandis qu'il inventera une autre idée susceptible de faire avancer l'entreprise !

Sur le plan interpersonnel, le ENFP est toujours prêt à aider. Il est sensible aux besoins des autres et aime entretenir beaucoup d'amitiés à la fois. Il compte beaucoup d'amis et les appelle régulièrement.

2.4.12 Le ENFJ : extraversion, intuition, sentiment, jugement

Le professeur

La devise : Nous y arriverons si nous tenons compte de l'opinion de chacun.

Le professeur perçoit le monde avec son intuition et il prend ses décisions en se basant sur ses valeurs.

S'il vous est arrivé d'entreprendre une négociation avec la ferme intention de ne rien signer et que, quelques heures plus tard, vous sortiez de l'entrevue ravi d'avoir signé le protocole d'entente, vous avez probablement eu affaire à un ENFJ.

Sensible et expert en relations humaines, le ENFJ professeur décide en fonction de ce qu'il ressent, mais, comme il sait percevoir les autres, il intègre leurs opinions et leurs besoins. Il parvient, ensuite, à convaincre et à mettre les gens de son côté en expliquant comment sa proposition saura combler leurs besoins.

En groupe de travail, il gère de façon participative. Il sait provoquer, gérer et animer une discussion et respecte toutes les opinions. Il est un leader naturel, tolérant et compréhensif, capable de voir le bon côté des gens et de leur transmettre les valeurs de l'entreprise. Il suscite la coopération.

Décidé et organisé, il apprécie une grande variété de tâches, à la condition qu'il puisse organiser le travail à sa manière. Responsable, il aime mener les choses à bien et se rend au bout de ce qu'il entreprend.

Orienté vers l'avenir, ouvert au changement et soucieux de l'harmonie entre les membres de l'organisation, il n'hésite pas à provoquer la controverse si une décision prise par ses supérieurs risque d'avoir des effets négatifs sur ses collègues de travail.

2.4.13 Le INTJ : introversion, intuition, pensée, jugement

Le stratège

La devise : Vous pouvez absolument me faire confiance, puisque j'ai raison.

Le stratège perçoit le monde avec son intuition et prend ses décisions en se basant sur un raisonnement logique.

Les groupes de travail qui ont de bonnes idées mais qui n'arrivent pas à les mettre en œuvre auraient avantage à intégrer un INTJ stratège. Il est un expert pour transformer les idées en action et pour créer ou implanter de nouveaux systèmes. Il sait organiser, allouer des ressources et mener à bien un projet.

Dynamique, véritable source d'idées originales, le INTJ adore les défis intellectuels. Il excelle dans l'analyse théorique et est à l'aise avec le processus de résolution logique des problèmes. Si un sujet est trop complexe et difficile d'approche, il se fait un plaisir de l'étudier puis de le vulgariser.

Son rendement au travail diminue cependant si on lui demande de participer à un projet qui n'a pas grand intérêt pour lui ou qui ne cadre pas, selon lui, avec sa vision de l'entreprise.

Individualiste, il travaille bien en solitaire et continue son travail jusqu'au bout, en dépit de l'opposition. Celui qui veut le persuader qu'il a tort a fort à faire : sceptique et critique, il tente, même dans l'adversité, d'imposer une vision systémique de l'entreprise et de justifier ses choix en fonction d'un horizon temporel à moyen ou à long terme. Il n'aime pas réagir à court terme.

Dans ses rapports avec les autres, le INTJ peut se révéler trop exigeant. Habitué à investir toute son énergie et son temps dans les projets qui lui tiennent à cœur, il attend généralement la même chose des autres.

2.4.14 Le INTP : introversion, intuition, pensée, perception

L'architecte

La devise : Chic, un problème ! On a quelque chose à régler.

L'architecte perçoit le monde avec son intuition et il prend ses décisions en se basant sur un raisonnement logique impersonnel.

Plutôt que de chercher un spécialiste pour régler un problème pour lequel il n'a pas d'expertise, le INTP voit, dans ces situations, une occasion d'apprentissage. Il se plonge dans la lecture de bouquins pour découvrir le savoir qui lui manque.

Il est très habile à cerner rapidement le cœur d'un problème, aussi complexe soit-il, et il trouve rapidement une solution grâce à son intuition. Cependant, son enthousiasme risque de diminuer ensuite ; il est plus emballé à l'idée de trouver la solution qu'à la pensée de la mettre à exécution. Son attention est fixée sur le long terme et les tâches à accomplir dans l'immédiat peuvent l'ennuyer.

Calme et réservé, il est presque mal à l'aise en société. Il préfère de loin les réflexions intellectuelles et est peu intéressé aux rencontres sociales ou aux discussions superficielles. Il peut se concentrer pendant de longues périodes et sait se montrer critique quand l'argumentation d'un collègue lui semble boiteuse.

Souvent perdu dans ses pensées, il peut paraître distrait aux yeux des autres. Dans ses relations interpersonnelles, il tient compte davantage de l'expertise de son interlocuteur que de sa position hiérarchique. En situation de conflit, il analyse les désaccords de façon impersonnelle et distante et, de ce fait, a tendance à indisposer le type « F », qui procède selon ses valeurs.

2.4.15 Le ENTP : extraversion, intuition, pensée, perception

L'inventeur

La devise : À force d'essayer, nous y arriverons.

L'inventeur perçoit le monde avec son intuition et il prend ses décisions en se basant sur le raisonnement logique.

L'inventeur ENTP entreprend ses projets avec un profond sentiment qu'il va réussir. Sans crainte devant les nouveaux défis ou les problèmes, il adopte le rôle de l'analyste clinique capable d'innover.

En fait, les contraintes constituent pour lui autant de défis à relever. L'apparition continuelle de nouveaux défis le pousse à changer régulièrement ses intérêts immédiats et à négliger les travaux routiniers. Il travaille mieux s'il doit se consacrer à une suite continue de nouveaux projets stimulants. Pour profiter pleinement du potentiel de l'inventeur, une entreprise ne devrait pas le cantonner dans une tâche routinière.

Pendant un débat, il joue facilement l'avocat du diable et n'a aucune difficulté à trouver des arguments prouvant qu'il a raison. Il donne toujours des arguments ou un cadre conceptuel qui prouvent ses dires. Dans une conversation, les répliques lui viennent aisément, sans qu'il les cherche.

Sur le plan interpersonnel, le ENTP inventeur est plus apte à comprendre et à réagir qu'à juger. S'il dirige une équipe, son premier souci est d'encourager l'autonomie de chaque membre. D'agréable compagnie, il accepte les gens tels qu'ils sont et est toujours prêt, grâce à quelques répliques bien placées mais sans bouffonnerie, à amuser et à inspirer ceux qui l'entourent. Il se sert de l'humour pour communiquer sa vision et les valeurs qui l'inspirent.

2.4.16 Le ENTJ : extraversion, intuition, pensée, jugement

L'arbitre

La devise : C'est avec grand plaisir que j'accepte d'être votre leader.

L'arbitre perçoit le monde avec son intuition et prend ses décisions en se basant sur un raisonnement logique.

Le ENTJ arbitre est ambitieux. Il s'imagine grimpant tous les échelons de son organisation et il est prêt à fournir les efforts nécessaires pour que son talent soit reconnu. Il perd toute motivation dans les entreprises où ses chances de promotion sont minimes, auquel cas il choisit habituellement d'aller travailler ailleurs.

Cordial et franc, il aime maîtriser et il le fait bien. Il a le don d'extirper de chaque situation brumeuse une vision claire qu'il transmet à ceux qui l'entourent. Dès qu'il est clair que les autres lui laissent la direction, il n'hésite pas à leur lancer des défis qui les encouragent à se dépasser.

Intéressé par beaucoup de domaines, il est suffisamment informé pour être à l'aise dans un débat et donne même l'impression qu'il est mieux informé qu'il ne l'est en réalité. En négociation, c'est un bluffeur hors pair.

Toute sa vie, il s'astreint à apprendre de nouvelles choses et ne se repose jamais sur ses lauriers. Il aime les situations qui le poussent à utiliser le pouvoir de son raisonnement. Un problème complexe, déroutant pour ceux qui l'entourent, constitue pour lui une nouvelle occasion de prendre les choses en main. Alors, il élabore des plans mûrement réfléchis qui tiennent compte tant des objectifs à court terme que des objectifs à long terme de l'organisation.

E X E R C I C E 2 . 1

Décodez le type

L'exercice suivant est une application intuitive de ce que nous avons vu précédemment. Choisissez trois personnes que vous connaissez bien et tentez de déterminer leurs types psychologiques. Pour ce faire, répondez aux questions suivantes et indiquez ce qui motive votre réponse :

Nom : ____________________

Cette personne est-elle	Pourquoi ?
I ou E ?	____________
S ou N ?	____________
T ou F ?	____________
J ou P ?	____________

Nom : ____________________

Cette personne est-elle	Pourquoi ?
I ou E ?	____________
S ou N ?	____________
T ou F ?	____________
J ou P ?	____________

Nom : ____________________

Cette personne est-elle	Pourquoi ?
I ou E ?	____________
S ou N ?	____________
T ou F ?	____________
J ou P ?	____________

Chapitre 3

Les interactions entre les types psychologiques

3.1 Une mise en situation

Que faisons-nous ce soir ?

Pour une troisième semaine consécutive, le samedi soir promet d'être orageux chez les Saint-Onge. Manon a envie de sortir et de visiter les membres de sa famille, tandis que Pierre, voulant se reposer d'une dure semaine au travail, préfère rester à la maison, louer un bon film et passer une soirée tranquille.

– Tu es trop renfermé, lui reproche Manon.

– Si on t'écoutait, on serait toujours partis ! Pourquoi ne pas être à la maison un soir sur sept ? Ça ne me semble pas exagéré, rétorque Pierre.

– On dirait que tu as peur du monde. Comment peux-tu te reposer quand tu restes à l'écart de ce qui se passe autour de nous ?

– Bof…

La soirée est d'ores et déjà gâchée. Il est évident que chacun restera sur ses positions. Pourtant, autrefois, Manon et Pierre tentaient de s'adapter aux préférences de l'autre. Ces derniers temps, cependant, chacun tenait de plus en plus à des activités correspondant à ses champs d'intérêt personnels. Un froid s'est installé entre eux, étant donné qu'ils sont incapables de comprendre leurs goûts respectifs.

Pourquoi en est-il ainsi ?

3.2 Lui, il m'énerve : les dynamiques contradictoires

Bien que nos propres préférences nous semblent normales, nous pensons difficilement qu'elles puissent constituer un irritant pour ceux qui nous entourent. C'est pourtant un fait que, aux yeux de ceux qui ont des préférences opposées aux nôtres, nos champs d'intérêt peuvent sembler agaçants. Cela est aussi vrai pour un couple que pour les rapports interpersonnels au sein d'une entreprise.

Demandons-nous maintenant ce qui arrive quand vous entrez en rapport avec des personnes qui ne partagent pas vos préférences. Que se passe-t-il entre deux personnes qui ne puisent pas leur énergie à la même source ? Qui ne perçoivent pas le monde de la même façon ?

Qui procèdent différemment pour prendre leurs décisions ? Dont les styles de vie respectifs entrent en contradiction ?

En dépit du fait que tous ne se situent pas à l'extrémité d'un pôle ou de l'autre, nous présentons des situations extrêmes entre des personnes montrant de fortes préférences. Cela a pour but de vous démontrer de quelle façon vous pouvez irriter les autres, et pourquoi votre propre incompréhension des autres a pu parfois vous empêcher de créer une véritable relation.

3.2.1 La dynamique E–I (extraversion-introversion)

L'extraverti et l'introverti puisant leur énergie de façon différente, cela suscite certains irritants dans leur relation. Voyons d'abord ce que le type « E » peut reprocher au type « I ».

• ***Il est faible.***

L'individu dont la préférence « I » est forte intériorise ses réflexions avant de parler, et les rencontres mondaines drainent son énergie. Aux yeux d'un « E » prononcé, l'introverti paraît cachottier, peu coopératif, pas assez amical, incapable de se révéler facilement et mal à l'aise en société. L'extraverti prononcé peut même considérer la tendance de l'introverti à réfléchir avant de s'exprimer comme une faiblesse, voire de la lenteur d'esprit. Dans un groupe composé majoritairement de « E », de tels ragots peuvent nuire à la progression de la carrière d'un introverti.

• ***Il est incompétent.***

Un extraverti, pour bien fonctionner, doit fixer ses objectifs en groupe, alors qu'un introverti perd tous ses moyens si une majorité de « E » décide que la formulation des objectifs et l'exercice annuel de planification stratégique doivent se faire en groupe, sans préparation individuelle. Il est possible que, dans ces circonstances, l'introverti soit vu comme incompétent.

À l'inverse, l'introverti peut se trouver incommodé par la façon dont l'extraverti stimule son énergie.

- ***Il est superficiel.***

L'extraverti peut paraître trop bavard aux yeux d'un collègue fortement introverti et il ne tarde pas à irriter celui qui le trouve superficiel et hyperactif.

- ***Il est envahissant.***

Ayant besoin de combler les silences en intervenant verbalement, l'extraverti agace l'introverti désireux de réfléchir un instant et il peut se le mettre à dos.

3.2.2 La dynamique S–N (sensation-intuition)

La façon dont chacun voit le monde peut également être à l'origine de graves conflits.

Dans le cas où un individu du type « S », soit celui qui perçoit le monde par les sens, doit travailler avec un « N », qui perçoit le monde par son intuition, les reproches pourraient ressembler aux suivants.

- ***Il a la tête dans les nuages !***

Étant donné que l'intuitif « N » tente de comprendre les mécanismes sous-jacents à un problème ou de donner une théorie explicative d'une situation, on peut lui reprocher d'être irréaliste et de ne pas se concentrer sur la situation ou le problème présent.

• ***Il est difficile à suivre.***

L'intuitif affectionne l'utilisation de métaphores et saute facilement du coq à l'âne, au fil des idées qui lui traversent l'esprit, n'hésitant pas à recourir aux jeux de mots. Ce faisant, il peut facilement exaspérer son vis-à-vis sensoriel « S », qui préfère un discours structuré, terre à terre, sans figure de style.

• ***Il est trop théorique.***

L'intuitif aime s'élever au-dessus de la discussion en cours pour en faire ressortir des tendances et y adjoindre des théories explicatives. C'est ainsi que, dans un contexte de conflit de travail, il traitera des théories de la mobilisation du personnel et de la motivation intrinsèque, au grand désespoir de son collègue « S » qui souhaite simplement voir les employés rentrer au travail.

• ***Il n'a pas l'esprit pratique.***

L'intuitif vit davantage dans l'avenir que dans le présent. En conséquence, devant un problème ou à l'occasion de la présentation d'un projet, il a tendance à envisager la situation selon une perspective à moyen ou à long terme, traitant de la situation en termes généraux et recherchant des moyens qui pourraient éviter que la situation ne se reproduise. Son collègue « S » ne s'intéresse pas à l'avenir, puisqu'il considère urgent de résoudre immédiatement le problème en cours. Ainsi, exaspéré, il peut lancer à son collègue : « Lâche la théorie une minute et aide-moi à régler le problème actuel » ou « Tu me parleras de projets quand nous aurons réglé les problèmes actuels, d'accord ? »

• ***Il saute aux conclusions.***

L'intuitif fait confiance à ses pressentiments et dresse un portrait global de la situation à partir de quelques éléments d'information. Son vis-à-vis de type sensoriel a besoin de preuves pour décider. Il ne fait pas confiance à celui qui ne démontre pas sur quoi repose son idée ni comment il a fait pour arriver à ses conclusions. Il a donc tendance à rejeter ce qui, aux yeux de l'intuitif, paraît évident.

• ***Il ne fait pas son suivi.***

Le type intuitif « N » apprécie la nouveauté. Le projet qu'il présente avec enthousiasme aujourd'hui le plonge dans l'indifférence dès qu'il est lancé ou qu'il devient routinier. Il aura, alors, une nouvelle idée qui l'incitera à mettre de côté ce qui est amorcé. Ce comportement déplaît particulièrement au type sensoriel « S », qui apprécie une certaine routine et qui trouve agaçante la tendance de son collègue de laisser tomber les travaux en cours.

Les reproches ne manquent pas non plus de la part de l'intuitif « N » à l'endroit de son collègue « S ».

• ***Il n'a aucune imagination.***

L'intuitif reproche facilement au type « S » de voir les arbres au lieu de voir la forêt et de ne pas tenter de comprendre les forces à l'œuvre derrière les événements qui se produisent dans l'entreprise. Ce manque d'imagination diminue l'estime que le « N » avait de prime abord pour son collègue.

• ***Il est ennuyeux !***

Le type « N » aimant les nouveautés et abhorrant la routine, il lui est difficile de comprendre que son collègue « S » se sente bien dans des structures organisationnelles rigides. Il en déduit facilement qu'il travaille avec un individu ennuyeux.

• ***Il manque de vision.***

L'intuitif a les yeux rivés sur l'avenir. Il est constamment à l'affût des tendances et des mouvements dans le secteur d'activité de l'entreprise. Il a de la difficulté à comprendre que son collègue « S » soit plus préoccupé par le présent et ne ressente pas l'envie de participer, par exemple, à une manifestation pour la protection de l'environnement.

• ***Il ne me fait pas confiance.***

Nous avons déjà mentionné que l'intuitif peut, à partir de quelques faits, structurer une image globale de la réalité et voir jaillir dans son esprit la solution qui lui semble la plus appropriée à la situation. Il est incapable de présenter de façon structurée comment il en est arrivé à cette conclusion, puisque la solution s'est imposée dans son esprit. Or, son collègue « S » a de la difficulté à faire confiance à ces pressentiments et il exige d'être convaincu. Le type « N », qui ne comprend pas comment son collègue perçoit le monde, risque d'avoir l'impression que ce dernier ne lui fait pas confiance.

• ***Il est trop attaché aux recettes du passé.***

Le type « S » fait davantage confiance à son expérience qu'à son instinct pour prendre une décision. Il a tendance à rejeter les suggestions qui n'ont jamais été testées et dont l'efficacité n'a jamais été prouvée. Cela est une hérésie aux yeux de l'intuitif plus enclin à tester l'idée, quitte à reprendre le travail si l'expérience ne s'avère pas concluante.

3.2.3 La dynamique T–F (logique-sentiment)

Si les dynamiques E–I et S–N peuvent être irritantes pour les personnes dont les préférences sont marquées, la dynamique T–F, c'est-à-dire les façons dont les gens prennent des décisions, peut être à l'origine de batailles épiques et de conflits qui ne s'oublient pas facilement.

Avant d'aborder la manière dont chacun gère les conflits et les comportements manquant d'éthique, traitons des irritants qui peuplent leurs relations. Commençons par les reproches les plus fréquents de la part des « F », qui prennent leurs décisions en se basant sur leurs valeurs, envers les « T », dont les décisions se fondent sur la logique.

• ***Il est froid.***

Le « T » gère avec détachement. Il analyse objectivement et ne ressent pas nécessairement le besoin d'échanger socialement avec les autres. C'est sur la tâche à accomplir et sur les objectifs de l'entreprise qu'il fixe son attention. Pour un collègue « F », qui a besoin qu'on lui démontre de l'appréciation, un supérieur « T » passe facilement pour une personne qui manque de chaleur humaine.

• ***Il est sans-cœur.***

Au moment de décisions difficiles, le type « T » n'hésite pas à placer les objectifs de l'entreprise et la logique au-dessus des considérations émotives. Il est capable, par exemple, de sabrer dans les budgets et d'effectuer des mises à pied. Le type « F » ne comprend pas que des décisions soient prises sans qu'on ait tenu compte de leurs effets sur les autres. Il considère que son collègue est sans-cœur.

• ***Il est brusque.***

Le type « T » ne s'embarrasse guère de phrases diplomatiques quand il a quelque chose à dire à un collègue. Il lui semble normal de dire la vérité, quitte à blesser l'individu vers qui les propos sont dirigés. S'il s'agit d'un type « F », il est particulièrement blessé par les propos et ne comprend pas que son vis-à-vis ait été si brusque.

Comme on peut le constater, le type « T » s'attire facilement les foudres du type « F ». L'inverse est également vrai : le type « T » a souvent des reproches à faire au type « F ». Les voici.

• ***Il est illogique.***

Le type « T » qui effectue une rigoureuse analyse logique pour déterminer quelle option est la meilleure par rapport aux objectifs de l'entreprise a de la difficulté à comprendre que son collègue « F » suggère de choisir une option moins efficace, sous prétexte d'atténuer les effets des décisions sur les membres de l'organisation. Dans son esprit, le comportement de son collègue est irrationnel.

• ***Il est trop faible.***

Alors que le type « T » évalue les employés en déterminant s'ils ont ou non atteint les objectifs, le type « F » a tendance à évaluer l'amélioration et les efforts. Ce faisant, il félicitera un employé qui a beaucoup travaillé, même s'il n'a pas atteint les objectifs souhaités. Pour le collègue « T », ce comportement constitue un signe de faiblesse incompatible avec un poste de dirigeant.

• ***Il est hystérique !***

Le type « F », lorsqu'il indique à son collègue « T » qu'il n'est pas d'accord avec une décision, utilise souvent des arguments chargés d'émotion qui laissent de glace son collègue. Peu touché par la démonstration, le type « T » risque d'y voir de l'hystérie et de couper les ponts avec un individu qui, pourtant, lui permettrait d'examiner les problèmes d'un autre point de vue.

Dans une situation de conflit, la dynamique T–F prend encore une dimension particulière.

Pour le type « T », les conflits sont inévitables et surviennent quand deux personnes ne sont pas d'accord. Il s'agit, pour lui, de la première étape vers la découverte d'un terrain d'entente et il vit le conflit de façon détachée, comme s'il était spectateur et non partie prenante.

Il en va autrement pour le type « F ». Puisqu'il souhaite l'harmonie, il vit le conflit avec angoisse et présente même des symptômes somatiques : il transpire, ses joues s'empourprent et il peut ressentir de violents maux de tête. Alors que le type « T » considère le conflit comme étant normal, le type « F » veut l'éviter à tout prix.

Leurs attentes respectives pendant le conflit sont également opposées ; le type « T » souhaite que son vis-à-vis cesse de prendre les choses personnellement et le type « F » désire que son collègue se mette à sa place et respecte son point de vue. Un élément, cependant, les réunit : tous deux sont contents quand le conflit est terminé.

Un manquement à l'éthique suscite également des différences notables dans la réaction des types « T » et « F ». Supposons, par exemple, que le patron d'une entreprise doive, pour obtenir un contrat, verser un pot-de-vin au directeur des achats d'une autre entreprise. Son subordonné « T » comprend le geste et l'explique par la logique. Il se dit que son patron a agi pour le bien de l'organisation, afin d'obtenir le contrat et d'éviter, en conséquence, des mises à pied. Le subordonné « F », s'il est témoin de ce fait et si ce geste va à l'encontre de ses valeurs, se sent trahi. Le respect qu'il avait envers son supérieur risque de diminuer de même que son ardeur au travail. Un type « F » a de la difficulté à s'associer avec un supérieur dont les agissements vont à l'encontre de ses valeurs.

3.2.4 La dynamique J–P (jugement-perception)

Les préférences quant au style de vie peuvent également être à l'origine de malentendus et de conflits. Traitons d'abord des reproches du type fortement « J » envers son collègue « P ».

• ***Il est paresseux.***

Le type « P » n'aime pas structurer son horaire et il travaille bien sous pression. En conséquence, il lui arrive souvent de travailler à la dernière minute pour remettre un travail ou un rapport. Son collègue « J » peut voir dans cette attitude de la paresse.

• ***Il est improductif.***

Le type « J », pour qui il est essentiel de maîtriser ce qui se passe, éprouve de la difficulté à accepter que le type « P » improvise son emploi du temps et qu'il s'adapte aisément à des événements qui, pour le « J », constituent une perte de temps.

• ***Il est incapable de décider !***

Le type « P » n'aime pas que son horaire soit entièrement déterminé à l'avance. Il est ouvert aux occasions ou aux événements fortuits et ne veut pas regretter d'avoir pris une décision trop rapidement. C'est la raison pour laquelle il remet à plus tard des décisions qu'il pourrait prendre dans l'immédiat. Cette habitude déplaît à son collègue « J », pour qui tout doit être planifié et qui ressent le besoin irrépressible de tout régler.

• ***Il n'est pas assez sérieux.***

Puisque, pour le type « J », sérieux est synonyme de planification, de structure et d'organisation, il a de la difficulté à considérer comme sérieux un collègue qui préfère la flexibilité, la spontanéité et la découverte.

Le type « P » a également des reproches à faire au type « J ».

• ***Il manque de flexibilité.***

Le type « P » éprouve de la difficulté à comprendre un individu qui se targue d'être organisé et qui s'obstine à tout régler dans l'immédiat et à planifier strictement son horaire. Pour lui, cet individu manque de flexibilité et se prive des joies que peuvent lui procurer la vie et une attitude ouverte aux expériences.

• ***Il est incapable de s'adapter.***

À l'occasion d'un événement imprévu, le type « J » a souvent tendance à figer. L'improvisation n'est pas son point fort, et ce qui déborde des structures établies le plonge dans l'embarras. Témoin de cet embarras, le type « P », qui sait apprécier les surprises, trouve que son collègue est incapable de s'adapter, ce qui diminue son estime pour lui.

• ***Il cherche à tout gérer.***

Le type « J » déteste l'incertitude. Et, pour lui, délégation signifie incertitude. Il cherche à savoir ce qui se passe et à encadrer les gestes des autres pour ne pas avoir de surprise. C'est sa façon de bien faire son travail. Cependant, cela lui attire les critiques du « P » qui travaille avec lui.

• ***Avec lui, c'est noir ou blanc. Jamais gris !***

Le type « J » aime que les choses soient claires. Il prend ses décisions rapidement et facilement. Le type « P » est, au contraire, rempli d'anxiété quand il doit prendre une décision et il préfère considérer une question sous tous ses angles avant de se décider. Il reproche donc à son collègue « J » son empressement à décider quand lui-même ne fait que commencer à étudier la question.

En ce qui concerne la gestion du temps, si celle-ci va de soi pour le type « J », elle est un supplice pour le type fortement « P ». Pour illustrer cette différence, appliquons ce que dit Kroeger à propos du temps libre : pour un « J », le temps libre est ce qui reste après avoir rempli son agenda. Il a hâte de terminer sa planification, puisque de cette planification jaillira une récompense (le temps libre). Pour le « P », tout est temps libre jusqu'à ce que soit rempli l'agenda. L'agenda constitue une punition qui, à chaque nouvelle inscription, le prive de son temps libre.

La gestion du temps a des effets opposés chez les « J » et chez les « P ». Pour les premiers, elle permet la maîtrise et, par conséquent, la réduction du stress, mais elle représente une atteinte à la liberté et à la spontanéité pour les seconds.

3.3 Les forces et les faiblesses de chacun

Bien que les différences puissent engendrer des conflits, elles peuvent également être vues et utilisées comme des moyens de compenser nos faiblesses. Ainsi, le point fort de l'un peut pallier la faiblesse de l'autre. En effet, une fois que nous avons compris comment fonctionnent les êtres humains, il est possible d'aller chercher chez ceux qui nous entourent ce qui nous fait défaut.

Par exemple, les « N » (intuitifs) ont besoin des « S » (sensoriels) pour trouver des faits pertinents, pour faire face à la réalité, pour se concentrer sur les problèmes immédiats, pour garder les pieds sur terre et pour apprécier le moment présent.

Les « S » ont besoin des « N » pour découvrir de nouvelles possibilités, pour voir venir les changements, pour préparer l'avenir, pour maintenir une vision d'ensemble et pour deviner les tendances.

Ensemble, les « S » et les « N » peuvent améliorer la façon dont l'entreprise perçoit le monde.

Les « F » (sensibles) ont besoin des « T » (analytiques) pour organiser, pour découvrir les failles à l'avance, pour améliorer ce qui doit être changé, pour congédier (véritable torture pour un « F »), pour s'affirmer dans l'opposition et pour éviter, en situation de crise, de privilégier à tout prix l'harmonie.

Les « T » ont également besoin des « F » pour persuader, pour concilier, pour prévoir les réactions des autres, pour enseigner, pour vendre et pour apprécier ce qui est bon. Ensemble, les « T » et les « F » peuvent améliorer la façon dont l'entreprise prend ses décisions.

3.4 Les avantages d'une meilleure connaissance de soi

• Une plus grande acceptation de soi

Cet avantage est d'autant plus réel si vous évoluez dans un environnement de travail où votre type psychologique est minoritaire. Dans ce cas, vous avez peut-être ressenti dans le passé que vos différences étaient des faiblesses. Il n'en est rien ! Une meilleure connaissance de vous-même vous aidera à prendre conscience de vos forces et à mettre de l'avant les éléments que vous pouvez apporter aux autres. En vous connaissant mieux, vous apprendrez également à vous aimer davantage.

• La prise de conscience de ses particularités et de ses lacunes

Vos préférences influent sur vos gestes de tous les jours. Certains aiment la comptabilité tandis que d'autres repoussent au milieu du mois la compilation et l'envoi des déductions à la source. Dans certaines entreprises, une catégorie particulière d'employés sont félicités et d'autres sont ignorés. Cela n'est pas dû au hasard. En vous connaissant mieux, vous prendrez conscience de vos particularités et de vos lacunes. Vous apprendrez à compenser celles-ci en déléguant certaines tâches et en raffinant la façon dont vous prenez des décisions.

- **Des pistes de développement personnel**

La découverte de vos particularités et de vos lacunes vous fournira des pistes de développement personnel. Vous saurez quelles activités entreprendre si vous souhaitez améliorer votre maîtrise de vos fonctions tertiaire et mineure.

- **Une aide à la recherche d'emploi**

Mieux vous connaître vous aidera, si vous devez trouver un nouvel emploi, à organiser vos recherches en fonction de vos préférences et à vous assurer que votre prochain environnement de travail vous permettra d'évoluer avec plaisir.

Une mise en garde s'impose : votre type psychologique ne doit jamais servir à excuser votre comportement. Le caractère inné des préférences n'exclut pas le fait que vous disposez du libre arbitre et que vous êtes en mesure de faire la distinction entre ce que vous pouvez et ne pouvez pas faire.

3.5 Les avantages d'une meilleure compréhension des autres

La théorie des types psychologiques devrait vous faire prendre conscience que ceux qui ne sont pas comme vous sont aussi normaux que vous. Cette constatation devrait avoir quelques bienfaits.

• **Une meilleure attitude avec les autres**

Vous adopterez une meilleure attitude envers les autres. Vous cesserez de penser que ceux qui ne voient pas le monde ou qui ne prennent pas leurs décisions comme vous ont des faiblesses. Ce faisant, votre respect pour eux augmentera et vice versa.

• **L'amélioration de votre capacité de communiquer**

Vous transmettrez mieux vos idées et vous vous assurerez que l'on vous a bien compris. Selon la personne à qui vous vous adressez, vous apprendrez à présenter vos demandes et vos explications de façon à ce que votre interlocuteur comprenne aisément ce que vous avez à dire.

• **Une meilleure capacité de régler les conflits**

Capable de découvrir la source de la majorité des conflits, vous serez plus en mesure de proposer des solutions et d'aborder les conflits dans le respect des différences. Ce faisant, vos talents de conciliateur seront multipliés.

• **L'augmentation de votre pouvoir de persuasion**

Sachant sur quel critère vous devez mettre l'accent pour qu'une personne soit d'accord avec vous, vous apprendrez à présenter vos projets de manière plus convaincante et plus efficace. Le fait de savoir à qui vous vous adressez vous aidera à faire accepter votre point de vue.

• **L'amélioration de votre pouvoir de mobilisation**

Conscient des préférences de chacun quant aux marques d'appréciation et aux interactions, vous apprendrez à traiter les autres en fonction de leurs propres préférences. Ce faisant, vous augmenterez leur loyauté à votre égard et vous serez davantage capable de motiver et de mobiliser ceux avec qui vous êtes en rapport.

- **Une nouvelle façon de vous entourer**

Trop de gestionnaires s'entourent de gens qui pensent et décident comme eux. Cette habitude affaiblit leur équipe et celle-ci devient incapable de prendre des décisions optimales. Conscient des implications de la théorie des types psychologiques sur la capacité d'une organisation à prendre de bonnes décisions, vous apprendrez à rechercher et à encourager l'expression des différences. Vous bénéficierez donc d'une équipe plus forte.

Les avantages mentionnés sont tous liés au monde professionnel, mais votre vie personnelle profitera également des aptitudes que vous aurez acquises. Vous comprendrez mieux ceux que vous aimez et vous verrez sous un jour nouveau vos réactions dans un contexte familial ou social.

EXERCICE 3.1

Lui, il m'énerve. Pourquoi ?

Pensez à quelqu'un qui, à l'occasion, vous irrite et répondez aux questions suivantes.

1. À quel moment m'a-t-il irrité la dernière fois ?

___

___

2. Quel geste a-t-il fait ou quelle parole a-t-il dite pour déclencher cette réaction chez moi ?

___

___

3. Puis-je associer ce sentiment à une différence de type psychologique ?

___

___

4. Que pourrais-je faire si un tel événement se reproduisait ?

___

___

Pensez maintenant à quelqu'un qui ne vous irrite jamais.

5. Jusqu'à quel point vos types psychologiques sont-ils semblables ?

___

___

Deuxième partie

Comment comprendre les êtres humains

Chapitre 4

Peut-on découvrir le type psychologique des autres?

4.1 Une mise en situation

Olivier au travail

Peu à peu, au prix de gros efforts, Olivier commençait à percevoir quelque chose dans ce ramassis de taches noires qu'on s'évertuait à lui présenter depuis le début de septembre.

Au début, il ne voyait que les traits. Le professeur avait beau lui dire qu'à force de les regarder, un sens en émergerait, Olivier ne le croyait pas vraiment. Mais le professeur était sympathique et il avait décidé de jouer le jeu.

Puis, les lettres ont apparu. Il pouvait désormais regarder une page de journal et saisir les lettres qui s'y trouvaient. Le professeur avait ensuite soutenu que les lettres, lorsque placées ensemble, formaient des mots, des mots qui représenteraient des choses, des gens, des émotions.

Il en avait bien sûr touché un mot à ses parents, qui lui avaient confirmé le tout. Depuis deux jours, il arrivait à reconnaître certains mots et se demandait s'il y aurait quelque chose d'autre à apprendre ensuite.

4.2 Peut-on découvrir le type des gens ?

Il est impossible de trouver rapidement le type psychologique des gens. Vous pouvez, en les observant, remarquer quelles fonctions ils privilégient au moment où vous les rencontrez. Toutefois, tout comme l'apprentissage de la lecture est difficile pour Olivier, le protagoniste de la mise en situation, apprendre à décoder le type psychologique des gens demande des efforts et nécessite quelques mises en garde.

1. L'être humain est complexe.

La théorie tente de compartimenter les êtres humains en 16 types, mais, en réalité, chaque être humain est unique et mériterait son type personnel. La théorie généralise et vous ne devez pas la considérer comme parole d'évangile. Elle vous aidera à devenir plus efficace dans vos rapports avec les autres, mais elle ne doit pas vous faire oublier que chacun est unique.

2. Ce que vous voyez ne correspond pas toujours à la réalité.

Nombre de personnes avec qui vous avez chaque jour des rapports ne se présentent pas telles qu'elles sont. Elles ont appris, au fil des ans, à montrer une façade qu'elles jugent socialement acceptable et jouent un rôle. Si vous décidez qu'une personne est extravertie parce qu'elle sourit abondamment, qu'elle adopte un comportement chaleureux et expansif, vous faites peut-être fausse route.

3. Certains types sont plus difficiles à découvrir que d'autres.

Le type introverti, par exemple, ne montre pas aux autres sa fonction dominante mais sa fonction complémentaire. Vous ne devez donc pas supposer que la dominante d'une personne est nécessairement son aspect le plus apparent.

4. La fréquence est bonne conseillère.

Une personne qui se montre exubérante une fois n'est pas nécessairement une extravertie. Mais si elle se montre exubérante et communicative quatre ou cinq jours de suite, les chances d'un bon diagnostic augmentent. En observant ceux qui vous entourent répéter certains gestes, votre diagnostic deviendra plus sûr et vous pourrez adopter avec plus de certitude des comportements qui vous permettront de convaincre ces personnes.

5. Vous ne pourrez découvrir les autres tant que vous ne vous serez pas accepté et tant que vous n'aurez pas pris conscience de vos propres particularités et lacunes.

Si vous tentez l'expérience de découvrir les autres avant d'avoir pris conscience de votre propre type, votre lecture sera faussée étant donné vos propres lacunes. Avant de décoder les autres, prenez conscience de votre type, de vos particularités perceptuelles et de la façon dont vous jugez les autres.

4.3 Avez-vous besoin d'une aide extérieure ?

Pourquoi souhaitez-vous décoder le type des gens ? Si vous voulez régler un conflit qui fait rage dans votre groupe de travail, vous aurez peut-être besoin d'un facilitateur aguerri. Dans ce cas, nous vous suggérons d'avoir recours à un expert du MBTI qui a déjà à son actif quelque succès en matière de consolidation d'équipe. Vous sortirez gagnant d'une telle démarche.

Toutefois, si vous souhaitez apprendre à découvrir les autres pour mieux interagir au quotidien, nous vous proposons une démarche à la fois simple et difficile. Simple parce qu'elle implique simplement l'observation, difficile parce qu'elle requiert beaucoup d'efforts.

4.4 Des indices pour procéder par élimination

Les êtres humains laissent transparaître dans leurs comportements des indices de leurs préférences et de ce qu'ils sont. Ces indices sont le langage corporel, le style de communication, l'apparence extérieure, le degré d'interaction qu'ils utilisent avec les autres, leur occupation, leurs passe-temps et l'état de leur lieu de travail.

En étant à l'affût de ces indices, vous pouvez procéder par élimination et déterminer, en quatre étapes, le type psychologique de celui qui vous fait face.

Par exemple, supposons que vous rencontrez un client potentiel pour la première fois. Vous ne tenterez pas, d'entrée de jeu, de décoder son type psychologique. Si tel était le cas, vous auriez une chance sur 16 d'arriver à vos fins. Toutefois, si vous déterminez, dès les premières minutes, qu'il est extraverti, vous venez d'éliminer la moitié des 16 types.

ESTP	**ESFP**	**ENFP**	**ENTP**
ESTJ	**ESFJ**	**ENFJ**	**ENTJ**

Si, par la suite, en constatant l'état de son bureau, vous déterminez qu'il s'agit plus sûrement d'un type « J » que d'un type « P », vous éliminez la moitié des huit types. Il ne vous reste que quatre choix possibles.

ESTP	**ESFP**	**ENFP**	**ENTP**

Vous continuez la démarche et vous vous rendez compte que vous êtes en présence d'un type « F ». Alors, il ne vous reste que deux choix possibles.

	ESFP	**ENFP**	

Quelques questions bien formulées vous permettent ensuite de déterminer s'il s'agit d'un type sensation ou d'un type intuition. Alors, vous savez que vous êtes en présence d'un ENFP et que vous devrez adopter une stratégie de communication adaptée à son type.

		ENFP	

À chaque étape, vous vous êtes rapproché de votre cible et vous avez acquis une information essentielle à une communication plus efficace. Vous avez pris conscience des forces de la personne qui vous faisait face. Bien que cela soit facile à comprendre, il est possible que la maîtrise de cette technique vous demande quelques mois.

Voyez maintenant comment décoder les indices que les gens présentent, sans le savoir, chaque fois qu'ils interagissent avec vous. Rappelez-vous que vous ne devez pas sauter aux conclusions sur la seule foi d'un indice isolé.

4.4.1 Le langage corporel

Le langage corporel des gens dit beaucoup sur leurs préférences. Voici quelques questions susceptibles de vous aider à décoder les autres.

• ***Est-il calme et réservé ?***

Le fait d'entrer en communication avec d'autres personnes stimule l'énergie des extravertis mais draine celle des introvertis. C'est pourquoi il y a de fortes chances que celui qui adopte une attitude calme et réservée soit de type « I ». L'extraverti arbore plutôt une attitude animée et énergique.

• ***Exprime-t-il sa pensée avec son corps ?***

Si votre vis-à-vis lève les bras au ciel, change régulièrement de posture et passe aisément d'une expression faciale à l'autre, il s'agit probablement d'un extraverti. L'introverti utilise peu son corps pour communiquer : ses gestes sont moins marqués et son arsenal d'expressions faciales est plus limité. Il préfère investir son énergie dans son monde intérieur.

• ***Quelle attitude physique adopte-t-il en groupe ?***

En groupe, le type « E » a tendance à occuper plus de place que le type « I ». Il circule aisément d'une personne à l'autre et il éparpille ses effets personnels sur la table de conférence. À l'inverse, le type « I » se cantonne dans un espace déterminé et limite le plus possible les dépenses d'énergie que lui impose sa présence dans le groupe.

• ***Garde-t-il le contact visuel quand il vous parle ?***

Ayant plus de facilité à se concentrer, le type « I » sait maintenir son regard sur vous pendant que vous vous adressez à lui. Le type « E », au contraire, est attiré par le moindre mouvement dans son environnement et repose les yeux sur vous par la suite.

• ***Lui arrive-t-il de paraître maladroit ?***

Le type « N » vit dans l'avenir et est beaucoup moins conscient de l'instant présent et de la posture de son corps. On le verra se cogner dans un meuble ou s'accrocher dans une marche. Contrairement à lui, le type « S », très conscient de son corps, a des mouvements fluides et harmonieux.

• ***Diriez-vous qu'il est distant ou chaleureux ?***

Ceux qui vous paraissent amicaux, qui vous reçoivent avec une accolade ou qui vous touchent pour amplifier le message qu'ils vous adressent sont généralement des types « F ». Le type « T » est plus froid et plus distant dans ses interactions avec les autres.

• ***Compte-t-il les points dont il va discourir en utilisant les doigts de la main ?***

Le type « T » est plus susceptible de faire sa démonstration en utilisant ce geste pour indiquer à son interlocuteur où ils en sont dans leur intervention. Le type « F », qui n'est pas du genre à annoncer à l'avance le nombre d'arguments qu'il entend présenter, utilise beaucoup moins cet outil de communication visuelle.

4.4.2 Le style de communication

Quel que soit notre type psychologique, nous nous révélons beaucoup au moment de discuter, de mettre de l'avant nos idées et de défendre nos points de vue. Voici quelques questions susceptibles de vous aider à découvrir les autres en analysant le style de communication de votre vis-à-vis.

• ***Monopolise-t-il la conversation ?***

Si c'est le cas, vous avez probablement affaire à un extraverti. Le type « I » préfère souvent écouter plutôt que parler. Il attache moins d'importance au sujet à l'ordre du jour et ne se lance pas facilement dans de grandes joutes verbales destinées à imposer son point de vue à son vis-à-vis.

• ***Quel est le délai de ses réponses ?***

Commence-t-il immédiatement à répondre dès que vous avez terminé de poser une question ou prend-il un instant de réflexion avant de formuler sa réponse ? Le type « E » réfléchit en parlant ; il parle dès que la question est lancée (souvent, il entame sa réponse avant que la question ne soit terminée) et définit sa pensée pendant qu'il parle. Le type « I » prend un instant de réflexion avant de présenter sa réaction à ce qui vient de lui être dit.

- ***Maîtrise-t-il bien le silence ?***

Ayant besoin d'interagir avec son environnement et ayant souvent tendance à confondre silence et perte de contact, le type « E » ressent souvent l'envie de combler le silence en répétant ses arguments, en avançant un renseignement supplémentaire ou en lançant une boutade. Le type « I », au contraire, maîtrise bien le silence et ne l'associe pas à une perte de contact.

- ***Utilise-t-il le « je » ou le « nous » ?***

La perception que le type « E » entretient de lui-même englobe ses relations interpersonnelles. Il a davantage tendance à utiliser le « nous » et à prétendre que les autres partagent ses sentiments à l'égard d'une situation particulière. Il dira, par exemple : « Nous ne sommes pas d'accord » quand, en réalité, il n'a pas encore consulté son groupe et que l'opinion avancée est la sienne et non celle des autres. Le type « I », par contre, se perçoit comme un individu séparé des autres ; en conséquence, il utilise plus souvent le « je » et a moins tendance à tenir pour acquis que les autres partagent ses dires. Il parle en son nom et a moins l'impression d'être en communion avec son groupe de travail.

- ***En groupe, s'adresse-t-il à tous en montant le ton ou se concentre-t-il sur la personne qui lui fait face ?***

Même en groupe, le type « I » a tendance à s'adresser à chaque personne individuellement. Il ne ressent donc pas le besoin de hausser le ton pour faire comprendre que ses propos s'adressent à tout le monde. Le type « E », par contre, tient à ce que tous soient au courant de ce qu'il dit et il hausse le ton pour mettre en relief l'importance de ce qu'il a à dire. Dans une rencontre où il y a beaucoup d'extravertis, le niveau sonore ne tarde pas à s'élever au-delà du seuil acceptable pour le « I ». Dans ce cas, l'énergie de ce dernier diminue subitement.

• ***Est-il facile à distraire ?***

Intérieurement, le type « E » se perçoit comme faisant partie de son environnement et il souhaite demeurer en contact avec cet environnement. Il est donc facilement distrait par ce qui se passe autour de lui quand il s'adresse à quelqu'un. Le type « I », au contraire, a de la facilité à se concentrer et peut plus aisément faire abstraction de l'environnement.

• ***Termine-t-il les phrases de son vis-à-vis ?***

Soucieux d'accumuler le maximum de faits, le type « S » a généralement l'habitude d'écouter son vis-à-vis jusqu'à ce qu'il ait fini de parler. Le type « N », par contre, tire rapidement des conclusions et, croyant (à tort ou à raison) qu'il a deviné ce que l'autre souhaite lui dire, il a tendance à terminer les phrases à sa place.

• ***Ses interventions sont-elles simples ou compliquées ?***

Le type « S » fait des phrases courtes et sa présentation suit un cheminement logique. Le type « N » est plus compliqué. Il utilise souvent des phrases complexes, ouvre facilement des parenthèses et se laisse entraîner par l'inspiration du moment. De plus, il oublie fréquemment de transmettre à son auditoire des renseignements qui lui semblent évidents mais qui sont néanmoins essentiels si on souhaite le comprendre.

• ***Ses phrases sont-elles précises ?***

S'il doit expliquer une situation, le type « S » s'en tient aux faits et est minutieux dans sa description. Le type « N », par contre, tente de brosser un tableau d'ensemble et, pour y arriver, il généralise et ignore quelques détails.

- ***Utilise-t-il des métaphores ou fait-il des jeux de mots ?***

Le type « N » est quelque peu poète. Il aime les calembours et les citations dont on peut tirer un enseignement. Le type « S » préfère s'en tenir aux faits.

- ***Parle-t-il davantage de ce qui se passe présentement que de ce qui pourrait se produire ?***

Orienté vers l'avenir, le type « N » parle de ce qui pourrait se produire. Le « S », ancré dans le présent, décrit plus aisément la réalité actuelle que des possibilités abstraites.

- ***Révèle-t-il aisément ses sentiments ?***

Le type « T » ne croit pas nécessaire de se révéler et il tente d'analyser les événements sur un ton impersonnel. Si votre interlocuteur se révèle et laisse transparaître l'effet qu'un événement a eu sur lui, il s'agit probablement d'un type « F ».

- ***Présente-t-il son opinion comme étant finale ?***

Le type « J » décide rapidement et, une fois la décision prise, il n'aime pas changer d'idée. Il utilise des mots tels que « final », « définitif » ou « optimal » quand il présente son opinion. Le type « P » n'aime pas fermer les portes et il préfère garder toutes les options ouvertes. Il présente souvent ce qu'il pense en insistant sur le fait que son opinion n'est pas encore faite et en restant ouvert aux paroles de ses interlocuteurs.

4.4.3 L'apparence

On peut s'habiller pour se faire voir ou pour passer inaperçu. On peut également être plus ou moins conscient des exigences vestimentaires de son environnement. En fait, l'apparence de votre vis-à-vis peut dévoiler beaucoup sur son type psychologique.

• ***Sa garde-robe attire-t-elle l'attention ?***

Des vêtements flamboyants ou une coiffure qui crie « regardez-moi ! » est généralement l'apanage d'un type « E ». Les personnes introverties choisissent plus souvent des vêtements qui leur permettent de se fondre dans le décor.

• ***Son apparence est-elle soignée ?***

Le type « N » fait souvent « brouillon » comparé à un type « S ». En effet, le type sensation, plus conscient de son apparence, y fait davantage attention que le type intuition qui, perdu dans ses pensées, oublie cet aspect pourtant important dans la qualité de ses interactions avec les autres.

• ***Porte-t-il ce qui est à la mode présentement ?***

Bien conscient de ce qui se passe autour de lui, le type « S » s'assure d'être à la mode, tandis que le type « N » peut, sans le savoir, continuer à porter un vêtement dépassé. Un type « S » sait ce qu'il doit porter en fonction d'une occasion donnée. Le type « N » ne se pose probablement même pas la question.

• ***Son apparence est-elle formelle ?***

Si tel est le cas, vous êtes sans doute en présence d'un type « J ». Le type « J » choisit un vêtement classique ou une coiffure formelle, tandis que le choix du type « P » va vers le confort. Le « J » prend le temps de soigner sa coiffure avant une rencontre. Le type « P » peut se dire que les gens n'ont qu'à le prendre comme il est.

4.4.4 L'interaction sociale

Vous pouvez décoder les gens selon qu'ils s'isolent ou qu'ils recherchent activement la présence des autres. Voici d'autres questions susceptibles de vous aider à découvrir ceux qui vous entourent.

- ***Est-il le premier à annoncer qu'il sera présent à la fête ?***

Sachant qu'il en retirera de l'énergie, l'extraverti est souvent le premier à annoncer son intention de participer à une fête ou à un événement où il rencontrera beaucoup de gens. L'introverti se fait souvent prier avant d'indiquer qu'il accepte de faire partie, par exemple, de l'équipe de quilles du bureau.

- ***Préfère-t-il que le groupe de travail soit restreint ?***

Au moment de régler un problème, l'introverti préfère que le groupe de travail soit restreint. Pour lui, c'est la meilleure façon d'atteindre l'efficacité. L'extraverti, par contre, considère que plus il y a de participants, plus il y a d'idées. Un bon groupe de travail, pour lui, doit regrouper beaucoup de gens.

- ***Fait-il les premiers pas avec un étranger ?***

Un type « E » aura plus de facilité à se lancer à l'assaut d'une personne inconnue, à lui tendre la main et à apprendre à la connaître. L'introverti doit souvent être découvert ; il ne s'avance pas toujours de lui-même.

- ***Recherche-t-il les feux de la rampe ou est-il* low profile *?***

L'extraverti aime être le centre d'attraction d'un groupe et il n'hésite pas à recourir au cabotinage pour y arriver. À l'inverse, la personne qui dirige la rencontre devra souvent demander son opinion à un participant introverti si elle souhaite la connaître. Le type « I » a davantage tendance à adopter un rôle effacé au cours d'une assemblée.

• ***S'isole-t-il dans les moments de pause ?***

Il n'est pas rare de voir un type « I », au moment de la pause ou du dîner, se lancer dans des activités (la lecture, par exemple) qui communiquent clairement aux autres qu'il n'est pas disponible pour l'instant. À l'opposé, il ne viendrait pas à l'idée d'un type « E » de s'isoler pour manger tranquillement.

• ***Fait-il de grands efforts pour éviter les conflits ?***

S'il a tendance à chercher l'ultime compromis ou à devenir anxieux lorsqu'il est temps de mettre les points sur les « i », vous avez plutôt affaire à un type « F » qu'à un type « T ».

• ***A-t-il l'habitude de faire des compliments ?***

Le type « F » a besoin qu'on lui montre des signes d'appréciation de son travail et, parce qu'il projette ce besoin sur les autres, il a tendance à adresser des compliments plus souvent que le type « T ».

• ***A-t-il de la facilité à jouer les avocats du diable ?***

Au moment d'une discussion, le type « T », qui ne ressent pas le besoin de chercher l'harmonie à tout prix, se révèle plus redoutable que le type « F ». Pour les mêmes raisons, celui ou celle qui n'a pas de problème à dire ses quatre vérités à un collègue de travail est probablement un type « T ».

• ***Utilise-t-il souvent le nom de son interlocuteur ?***

Le type « F » a plus souvent recours au nom de son vis-à-vis pendant une conversation. Mais il faut faire attention ! Beaucoup de « T » ont appris à le faire en suivant des cours de vente. Il ne faut pas sauter aux conclusions.

• ***A-t-il tendance à jouer au patron ?***

Rappelons-nous que le type « J » ressent plus fortement le besoin de maîtriser. Celui qui tente constamment de s'assurer que les autres font bien leur travail est plutôt un type « J » qu'un type « P ».

4.4.5 L'occupation principale

• ***Préfère-t-il se concentrer sur les problèmes actuels ou sur les possibilités de développement ?***

Si votre vis-à-vis parle principalement des événements présents et des problèmes en cours, il est de type « S ». Le type « N » parle plus facilement des possibilités, de ce qui peut arriver dans l'avenir et des répercussions potentielles d'un événement présent sur la stratégie future.

• ***Son occupation requiert-elle davantage d'action que de réflexion ?***

Le type « S » est davantage attiré par les professions exigeant plus d'action que de réflexion. Il est pratique et n'aime pas nécessairement jouer avec les concepts ou la théorie. Le type « N », au contraire, est rapidement ennuyé par une action routinière et préfère envisager les nouvelles occasions ou les changements.

• ***Occupe-t-il un emploi où les intérêts des gens passent avant les questions opérationnelles ?***

Il est beaucoup plus probable que vous rencontriez des types « F » dans des professions requérant l'écoute (psychologie, orientation, services à la petite enfance, vente, etc.). Les professions techniques (ingénierie, planification de la production, comptabilité, droit, etc.) sont peuplées davantage par les types « T ».

• ***Lui arrive-t-il souvent d'être en retard ?***

Si c'est le cas, vous avez plus de chances d'être en présence d'un type « P » que d'un type « J ». Le type « P » a une vision élastique du temps et il lui arrive plus fréquemment d'oublier un rendez-vous ou de se rendre compte, à la dernière minute, qu'il doit rendre un rapport.

• ***Prend-il rapidement ses décisions ?***

Les décisions rapides sont l'apanage du type « J ». Soucieux de maîtriser la situation, il prend des décisions rapidement pour réduire le stress qu'une situation ambiguë fait naître chez lui. Le type « P », au contraire, souhaite conserver les options ouvertes et ne prend souvent sa décision finale qu'à la dernière minute.

• ***Est-il souvent tenté de changer les objectifs d'un projet en cours ?***

Influencé par ce qui se passe autour de lui, le type « P » a plus souvent tendance à modifier en cours de route les objectifs ou même la nature d'un projet. Le type « J » préfère s'en tenir aux objectifs qui ont été fixés au préalable et ne rien changer tant que le travail n'est pas terminé.

• ***Est-il à l'aise dans un environnement structuré ?***

Le type « J » considère bénéfiques les structures, les politiques, les niveaux hiérarchiques et autres manuels de procédure. Il est à l'aise dans un environnement de travail structuré où les possibilités que survienne un événement imprévu sont minimales. Son collègue « P », par contre, considère les structures comme des barrières à l'accomplissement d'un travail valorisant. Si votre vis-à-vis se plaint régulièrement de la bureaucratie, c'est probablement un type « P ».

4.4.6 Les passe-temps

Les passe-temps étant rarement imposés par l'environnement social, ils peuvent nous trahir et révéler aux autres nos préférences. Voici quelques indices qui vous aideront à découvrir ceux qui vous entourent.

• ***Préfère-t-il des activités solitaires ou de groupe ?***

Le type « E » est naturellement attiré par des activités se déroulant en groupe tandis que c'est le contraire pour le type « I ». Si l'introverti doit choisir une activité de groupe, il se penche vers une activité qui requiert peu de joueurs.

• ***Quels sports pratique-t-il ?***

Vous aurez deviné que le type introverti préfère les sports individuels aux sports d'équipe. Si celui qui vous fait face révèle qu'il est depuis 15 ans le capitaine de son équipe de hockey, il s'agit vraisemblablement d'un extraverti.

• ***Quel genre de lecture apprécie-t-il le plus ?***

Le type « S » préfère les lectures pratiques tandis que le type « N » préfère la littérature ou l'initiation aux théories pouvant expliquer les relations entre les choses.

• ***S'adonne-t-il, dans ses temps libres, au bénévolat ?***

Une personne engagée dans des activités caritatives est plutôt du type « F » que du type « T ».

4.4.7 Le lieu de travail

- ***Y a-t-il des photos de sa famille ou des dessins de ses enfants qui ornent les murs ?***

Si tel est le cas, et qu'aucune pression sociale ne lui a imposé ce comportement, vous êtes probablement en présence d'un type « F ». Le type « T » apprécie moins l'idée de se révéler.

- ***À quoi ressemble son espace de travail ?***

Un bureau impeccable, où tout est à sa place et devant lequel on a l'impression que tout le travail qui devait être accompli l'a été, appartient probablement à un type « J ». Fier de son efficacité, il lui arrive même de remettre en doute les compétences de ses collègues « P », plus brouillons et plus susceptibles de ne pas ranger leurs dossiers.

- ***Y a-t-il dans son bureau des articles susceptibles de le distraire ?***

Le type « P » a besoin de distractions. Il lui faut régulièrement décrocher du travail en cours. On trouve dans son bureau, et non dans celui du type « J », des magazines qui ne sont pas reliés au travail, des mobiles mécaniques ou un programme de sauvegarde d'écran d'ordinateur humoristique.

4.5 L'importance de la pratique

Comme vous l'avez sans doute constaté, vous ne pouvez pas vous attendre à un apprentissage rapide et à l'acquisition immédiate d'aptitudes permettant de décoder les types psychologiques de ceux qui vous entourent.

Les questions qui précèdent peuvent certes vous aider à déterminer le type psychologique de la personne qui vous fait face, mais vous devrez fournir des efforts avant de pouvoir aisément saisir ceux qui vous entourent.

De même qu'Olivier, dans la mise en situation au début du chapitre, a d'abord saisi les lettres puis les mots, et enfin le sens des phrases, vous percevrez, au début, certains traits isolés qui vous éclaireront à peine sur le type psychologique de votre interlocuteur.

Grâce à l'effort et à la pratique, vous saisirez des aspects qui n'attiraient pas votre attention auparavant et, au fil des mois, vous pourrez bénéficier des avantages que confèrent une meilleure compréhension de l'être humain et une meilleure acceptation du droit à la différence.

EXERCICE 4.1

Approfondissez votre type psychologique

Vous n'arriverez jamais à bien saisir les autres si vous n'avez pas pris conscience des forces et des faiblesses de votre propre type psychologique. Cet exercice est donc centré sur vous.

1. Retournez au premier chapitre et indiquez ici à quel type psychologique vous correspondez.

   ____

2. Reprenez maintenant la liste des questions de ce chapitre et répondez comme si c'était une autre personne qui tentait de vous percevoir.

3. Malgré cette connaissance intime que vous avez de vous-même, cet exercice vous a-t-il semblé facile ou difficile ? Expliquez.

   ____

   ____

   ____

   ____

   ____

   ____

4. Quelles questions ont confirmé le type psychologique déterminé au premier chapitre et quelles questions l'ont infirmé ?

   ____

   ____

   ____

   ____

Chapitre 5

UNE MÉTHODE DE DÉCODAGE RAPIDE

5.1 Une mise en situation

Le transfert de la clientèle

Vendredi est finalement arrivé. À la fin de la journée, Gilles sera officiellement à la retraite. Il ne lui reste plus que quelques heures avant que Louise prenne en charge la clientèle qu'il ne servira plus.

Depuis quatre jours déjà, il révise avec elle la liste des clients faisant partie de son territoire. Il ne reste plus que quelques dossiers à parcourir et il pourra quitter l'entreprise avec le sentiment que sa clientèle, avec qui il a tissé des liens solides au cours des ans, continuera d'être satisfaite de faire des affaires avec l'entreprise.

Louise tend la main et saisit le dossier suivant : « Nous sommes rendus à M. Jacques Brouillette. Que pouvez-vous me dire à son sujet ? »

Pendant un instant, Gilles ne répond pas. Les yeux ouverts, il semble contempler le vide. Louise sait maintenant que c'est par cette attitude qu'il se remémore le mieux ses clients.

Quelque 45 secondes plus tard, le regard du mentor se pose de nouveau sur Louise.

– Si on sait le prendre, il est très facile à satisfaire.

– Comment ?

– Avec lui, tu t'en tiens aux faits. Assure-toi que ta visite ne soit pas trop longue et que tu démontres que tu as la maîtrise des listes de prix. Quand tu arrives, tu fais le tour de sa surface de vente. Tu constates quels articles ont été vendus et lesquels se vendent moins. Tu te rends ensuite à son bureau. Tu lui fais un court rapport et tu lui proposes un réapprovisionnement basé sur tes observations.

– Et c'est tout ?

– Si, à ce moment-là, tu lui décris la situation et que tu lui fais une proposition qui a de l'allure, il te dira oui. Saisis alors ton bon de commande et assure-toi de tout écrire. Demande-lui ensuite de confirmer et pars rapidement, après l'avoir remercié. Il demeurera ainsi satisfait de tes services.

Louise garde le silence pendant qu'elle annote son dossier. Elle saisit un nouveau dossier et se tourne vers Gilles.

– Parlons maintenant de Gaston Laferté.

– Avec lui, c'est différent. Contrairement à Brouillette, il faut le cajoler un peu. Demande-lui comment il va et n'oublie pas de lui dire, à la fin de la rencontre, à quel point tu apprécies sa clientèle.

– Dois-je parcourir sa surface de vente ?

– Non. Il change son assortiment d'une saison à l'autre. Parle-lui plutôt des nouveautés qui seront incorporées à notre prochain catalogue et offre-lui de commander à l'avance. Il aime bien savoir ce qui s'en vient. Ça l'aide à planifier.

5.2 Un raccourci : la méthode des tempéraments

Que pensez-vous de cette formation accélérée que reçoit présentement Louise ? Comme on peut le voir, elle est initiée aux préférences des clients et à ce qui leur fait dire oui ou non.

En réalité, Gilles a, toute sa vie, utilisé les types psychologiques de ses clients pour augmenter son volume de ventes et s'assurer de la satisfaction de chacun. Doit-on en conclure qu'il a été initié à la théorie des types au début de sa carrière ?

Pas nécessairement. Il a élaboré une carte des comportements de ses clients de façon intuitive. Cette carte le guide depuis et l'aide à conclure ses ventes. Aimeriez-vous posséder une telle carte ?

Gilles se fie aux tempéraments de ses clients pour guider ses gestes et la façon dont il présente son offre commerciale. La connaissance des tempéraments, une fois que l'on a compris la théorie des types psychologiques, est simple. Plutôt que de se fonder sur quatre lettres, elle réduit à deux seulement le nombre de préférences à découvrir afin de déterminer à qui l'on a affaire.

Nous vous proposons maintenant une méthode accélérée de décodage des êtres humains. Cette méthode est basée sur les tempéraments. Au nombre de quatre, ceux-ci vous permettent d'aller à l'essentiel quand vous tentez de découvrir un client, un collègue ou un patron.

5.2.1 L'administrateur

Les administrateurs sont des personnes qui perçoivent le monde avec leurs sens (S) et qui utilisent principalement le jugement (J) pour organiser leur vie. Si on se reporte au tableau des types psychologiques, ce tempérament regroupe quatre types.

ISTJ	ISFJ		
ESTJ	ESFJ		

Soucieux des détails, l'administrateur est un être consciencieux qui se fait un devoir de tenir parole. À l'aise dans une certaine routine, il n'apprécie pas les changements radicaux. Son style est peu flamboyant, mais il se sent responsable de ceux qui travaillent avec lui.

L'administrateur possède de grandes forces. Toutefois, ce sont des forces qui, si elles sont poussées à l'extrême, peuvent devenir des faiblesses.

- Soucieux du moindre détail, il détermine plus facilement ce qui a été mal fait qu'il n'apprécie le travail accompli. S'il ne fait pas attention à cette attitude, il risque de passer aux yeux de ceux qui l'entourent pour une personne qui critique sans cesse.

- À l'aise dans les structures, il risque de multiplier les échelons hiérarchiques et les procédures écrites. Ce faisant, il sécurise ses semblables, mais il peut brimer les autres tempéraments qui associeront « bureaucratie » à « camisole de force ».

- La fierté qu'il tire du fait qu'il a les deux pieds sur terre peut le pousser à tuer dans l'œuf les idées des autres.

En tant qu'entrepreneur, l'administrateur n'est pas quelqu'un qui improvise ; il préfère adopter des modes de gestion méthodiques davantage axés sur la rigueur logique que sur la créativité et sur les pressentiments.

Il considère que son entreprise a du succès si les flux financiers sont positifs, s'il a suffisamment d'argent à la banque et si son entreprise connaît une croissance modeste mais constante. Ne lui parlez surtout pas de tout chambarder pour connaître une croissance rapide ! S'il ne sait pas où l'entreprise va, il préfère le *statu quo* à une action que les budgets ou les politiques en vigueur ne sauraient encadrer.

Travailleur acharné, il subordonne sa famille au travail si les échéances sont pressantes. Il est très exigeant envers lui-même et a tendance à avoir de grandes attentes envers ceux qui l'entourent. Ces attentes lui causent de la déception s'il se rend compte que l'engagement des autres n'est pas aussi grand que le sien.

L'administrateur aime également que son travail soit reconnu. Vous verrez aux murs de son bureau des diplômes, des certificats d'excellence, des photos le représentant avec des célébrités ou d'autres distinctions qu'il a reçues.

Il accède souvent à l'entrepreneurship par un concours de circonstances. Par exemple, il était au bon endroit, au bon moment quand le fondateur de l'entreprise a eu besoin d'un successeur. Alors, il fera passer l'entreprise de la gestion artisanale du fondateur à une gestion plus professionnelle.

Il choisit comme secteur d'activité des domaines où l'on peut améliorer un produit ou un service en utilisant les technologies maîtrisées. Il ne se lance pas aveuglément dans de nouvelles avenues, aussi prometteuses soient-elles.

5.2.2 Le tacticien

Les tacticiens sont des personnes qui perçoivent le monde avec leurs sens (S) et qui préfèrent un mode de vie spontané (P). En se reportant au tableau des types psychologiques, on remarque que ce tempérament regroupe quatre types.

ISTP	**ISFP**		
ESTP	**ESFP**		

Dès qu'une occasion se présente, le tacticien la perçoit et il est fin prêt à la saisir. En situation de crise, alors que l'administrateur est paralysé, le tacticien prend le leadership et fait le nécessaire afin de permettre à l'entreprise de traverser la tempête. Il lui arrive, devant un problème dont tous ne voient que les aspects négatifs, de percevoir l'occasion de faire avancer l'entreprise dans l'immédiat.

Le tacticien possède de grandes forces qui, poussées à l'extrême, peuvent cependant devenir des faiblesses.

- Sa perspicacité et le plaisir qu'il ressent en situation de crise peuvent le conduire, si la routine l'ennuie, à créer des crises pour pouvoir s'en occuper.

- Son penchant pour les choses pratiques peut le pousser à ignorer les concepts qui auraient pu guider ses décisions.

- Son amour de l'improvisation l'incite parfois à court-circuiter la hiérarchie et les politiques en place.

En tant qu'entrepreneur, le tacticien déteste la routine. Il valorise la liberté de pensée et d'action et considère les structures, les politiques et les procédures administratives comme des embûches à son désir de se réaliser dans son travail. Il est malheureux s'il se voit refuser la possibilité d'agir selon l'inspiration du moment et selon ce que lui dicte son instinct. Il aime prendre des risques.

S'il a carte blanche, le tacticien retire un grand plaisir de son travail, celui-ci devenant même son passe-temps. Il s'efforce de bien l'accomplir en utilisant les ressources à sa disposition. Débrouillard, il ne recule pas devant un défi sous prétexte qu'il n'a pas accès à la meilleure technologie ou aux employés les mieux formés ; il fait de son mieux dans l'immédiat, sans croire que tout deviendra facile plus tard.

Pour le tacticien, le temps est élastique. Si un travail est pressant, il peut investir 80 heures en une semaine, mais si le flux de travail diminue, c'est sans aucun remords qu'il prend un ou deux après-midi de congé pour « profiter de la vie ». Bref, il préfère s'adapter à la situation plutôt que de s'imposer des normes rigides d'utilisation du temps.

Optimiste de nature, il fait confiance à son instinct et n'envisage pas l'échec. S'il échoue, il considère cette expérience comme une mésaventure passagère et reprend le travail sans se démoraliser. En ce sens, il est en mesure de revigorer une équipe qu'un échec a démobilisée.

Le tacticien est poussé à l'action par les besoins immédiats qu'il perçoit dans l'entreprise et, s'il croit qu'une tâche ne peut attendre, il fait le travail d'un collègue si celui-ci n'est pas disponible. Il est prêt également à accomplir autre chose que ce qui lui est demandé s'il considère que c'est pour le bénéfice de l'entreprise.

5.2.3 Le stratège

Les stratèges sont des personnes qui perçoivent le monde avec leur intuition (N) et qui prennent leurs décisions en recourant à la pensée (T). En se reportant au tableau des types psychologiques, on note que ce tempérament regroupe quatre types.

			INTJ
			INTP
			ENTP
			ENTJ

Indépendant d'esprit, le stratège est si orienté vers l'avenir qu'il néglige souvent ses tâches courantes. Il aime apprendre et il adore le pouvoir. Planificateur stratégique, il est toujours à l'affût de ce qui pourrait améliorer la position concurrentielle de l'entreprise.

Le stratège possède de grandes forces qui, poussées à l'extrême, peuvent devenir des faiblesses.

- Constamment ouvert à l'acquisition de nouvelles connaissances, il peut éprouver de la difficulté à accepter que tous ne partagent pas cet enthousiasme. Il risque d'être réticent à travailler avec une personne qu'il considère comme incompétente, quel que soit le niveau hiérarchique de celle-ci.

- Perdu dans ses concepts, il arrive fréquemment que ceux avec qui il parle ne comprennent pas où il veut en venir.

- Le travail en équipe ne lui plaît pas beaucoup et, en réunion de travail, ceux qui ont besoin de menus détails peuvent l'ennuyer.

Beaucoup de stratèges devenus entrepreneurs ont lancé une entreprise dans un secteur d'avenir, en ayant la certitude que les attentes du marché changeraient et que cela créerait un créneau encore inexploité.

Dans la perception de son environnement, le stratège ne s'arrête pas aux gestes quotidiens ou aux nouvelles du journal télévisé ; il synthétise ce que ses sens lui communiquent, il en dégage les tendances puis projette ces tendances dans l'avenir et devine de quoi demain sera fait. Par la suite, ayant grandement confiance en ses pressentiments, il se lance à l'assaut de l'occasion qu'il a devinée, mais qui n'est pas du tout claire aux yeux de ses collègues.

Pour réaliser son rêve, il embrigade une série de personnes et leur vend son idée ; toutefois, il ne se fie pas nécessairement à elles pour atteindre le succès, car il se considère comme le plus apte à relever les défis. Il aime montrer aux autres qu'il est le meilleur et il juge normal qu'on l'apprécie.

S'il est engagé dans un projet qui le passionne, le stratège s'y donne corps et âme. Il consacre tout son temps à faire avancer le dossier et, même pendant les repas, un match sportif ou au cinéma, il continue à y penser et à résoudre mentalement les problèmes qui ne manqueront pas de se présenter. Il se sent à l'aise dans la réflexion et dans la remise en question des idées reçues.

Lorsque le stratège a une nouvelle idée avant qu'un travail ne soit parvenu à terme, il perd de l'intérêt pour ce qui est commencé. S'il n'a pas la chance d'avoir dans son entourage un administrateur ou un tacticien pour poursuivre le travail, il risque de l'abandonner. Sans s'en rendre compte, le stratège se fait ainsi, parfois, une réputation de girouette.

5.2.4 L'idéaliste

Les idéalistes sont des personnes qui perçoivent le monde avec leur intuition (N) et qui prennent leurs décisions en recourant à leurs valeurs (F). Le tableau des types psychologiques regroupe quatre types d'idéalistes.

		INFJ	
		INFP	
		ENFP	
		ENFJ	

L'idéaliste est au mieux de sa forme quand il peut réunir des gens qui travailleront harmonieusement à l'atteinte d'un objectif commun. Il n'est pas motivé par le profit mais par les gens. Patient, intègre, il nourrit un rêve qu'il se promet de réaliser en misant sur la collaboration de chacun. C'est un rassembleur.

L'idéaliste possède de grandes forces qui, poussées à l'extrême, peuvent devenir des faiblesses.

- L'idéaliste se fait aisément aimer des autres. Ceux-ci, de peur de le heurter, peuvent se refuser à le contredire ou à remettre en question ce qu'il propose. Pour une entreprise, ce comportement peut se révéler dangereux.

- L'idéaliste fait confiance à ceux qui l'entourent et est porté à donner trop de latitude à des employés qui ne sont pas encore autonomes.

- Devant l'incompétence flagrante d'un collaborateur, l'idéaliste remet à plus tard le congédiement pourtant inévitable et risque de susciter dans l'intervalle l'insatisfaction de la clientèle.

- Il arrive également que l'idéaliste subordonne la satisfaction des clients à la viabilité de l'entreprise. Dans ce cas, la survie de l'organisation est remise en question.

L'entrepreneur idéaliste ne planifie pas toujours son entrée dans l'arène capitaliste. Ainsi, on trouve souvent ce tempérament chez les entrepreneurs en économie sociale qui ont été auparavant motivés par le bénévolat, mais qui ont dû, en raison de la rareté des subventions gouvernementales, prendre le virage entrepreneurial pour assurer la viabilité de leur organisme.

Enlevez ses idéaux à ce type d'entrepreneur et vous l'amputez de son principal combustible. L'idéaliste n'est pas en affaires pour lui-même, mais pour mieux servir les autres. Pour lui, l'entreprise n'est pas un moyen de faire de l'argent, mais un outil pour améliorer la qualité de vie des clients potentiels.

L'idéaliste vit dans l'avenir, un avenir où auront été relevés les défis qui l'ont poussé vers l'entrepreneurship. À ses yeux, son rôle de leader se résume à s'entourer de personnes qui partagent sa vision et à distribuer les tâches à accomplir. Une fois ce travail effectué, il passe à autre chose parce qu'il croit profondément que chacun fera son travail comme lui-même le ferait.

Quand ce n'est pas le cas, il hésite à affronter l'employé déficient. Il se demande si un oubli de sa part peut être la cause du rendement insatisfaisant puis, s'il se trouve contraint de constater l'incompétence d'un collègue, il reporte aux calendes grecques l'affrontement qui aurait permis le redressement des comportements fautifs.

L'idéaliste est également un excellent vendeur : il sait écouter son client et deviner ses besoins ou ses attentes. Par la suite, il s'efforce de trouver le produit ou le service susceptible de le satisfaire.

5.3 Une démarche progressive

Pour déterminer le tempérament d'un individu, procédez en deux temps. D'abord, voyez si sa perception du monde le porte à être du type « S » (sensation) ou du type « N » (intuition).

Puis, s'il est du type « S », découvrez son attitude envers la vie : « J » (jugement) ou « P » (perception) ; s'il est de type « N », trouvez comment il prend ses décisions : « T » (logique) ou « F » (valeurs). La figure suivante présente cette démarche.

FIGURE 5.1

Une démarche progressive

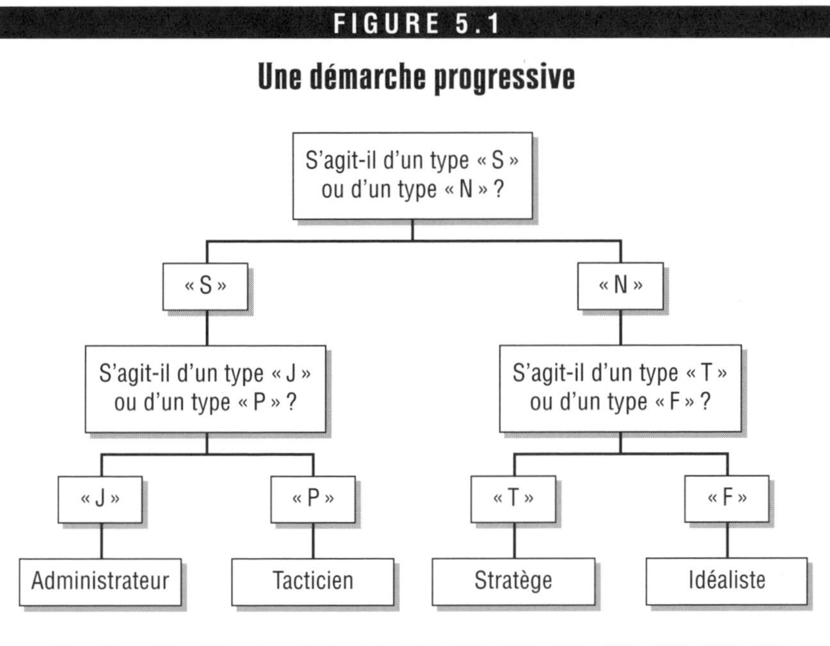

5.3.1 S'agit-il d'un « S » ou d'un « N » ?

Pour que vous puissiez déterminer s'il s'agit d'un type « S » ou d'un type « N », nous vous proposons un tableau regroupant les questions que vous avez lues au chapitre précédent. Si vous obtenez plus de « oui » que de « non », votre interlocuteur est vraisemblablement un type « S ». Si vous obtenez plus de « non » que de « oui », il devrait s'agir d'un intuitif.

TABLEAU 5.1

S'agit-il d'un « S » ou d'un « N » ?

Énoncé	Oui	Non
Ses mouvements sont-ils fluides et harmonieux ?	☐	☐
Écoute-t-il son vis-à-vis jusqu'à ce que ce dernier ait terminé de parler ?	☐	☐
Ses interventions sont-elles simples ?	☐	☐
Ses phrases sont-elles précises ?	☐	☐
Évite-t-il les métaphores et les jeux de mots ?	☐	☐
Parle-t-il davantage du présent que de l'avenir ?	☐	☐
Son apparence est-elle soignée ?	☐	☐
Porte-t-il des vêtements à la mode ?	☐	☐
Se concentre-t-il plus aisément sur les problèmes actuels que sur les possibilités de développement ?	☐	☐
Son occupation requiert-elle plus d'action que de réflexion ?	☐	☐
Préfère-t-il les lectures pratiques à la littérature ou aux ouvrages conceptuels ?	☐	☐

Vous avez maintenant une bonne idée de sa façon de percevoir le monde. Si vous souhaitez confirmer votre résultat, vous pourriez lui poser les questions suivantes. Toute réponse positive renforce la possibilité qu'il s'agisse d'un type « S ». Toute réponse négative augmente les possibilités qu'il s'agisse d'un type « N ».

- Préfère-t-il l'action à la réflexion ?
- Recherche-t-il davantage les résultats à court terme ou les possibilités d'amélioration à long terme ?
- Se perçoit-il davantage comme concret ou comme abstrait ?
- Est-il plus important pour lui d'avoir les deux pieds sur terre ou de faire preuve de créativité ?

- Les présentations théoriques l'ennuient-elles ?
- A-t-il besoin de « voir pour croire » ?

5.3.2 S'agit-il d'un administrateur ou d'un tacticien ?

Si vous avez déterminé, dans le tableau précédent, que vous étiez en présence d'un type « S », parcourez le tableau suivant afin de déterminer le tempérament de la personne qui vous fait face. Si vous cochez une majorité de « oui », il s'agit d'un administrateur. Si vous cochez une majorité de « non », il est probable que vous soyez en présence d'un tacticien.

TABLEAU 5.2

S'agit-il d'un administrateur ou d'un tacticien ?

Énoncé	Oui	Non
Présente-t-il son opinion comme étant finale et définitive ?	☐	☐
Son apparence est-elle formelle ?	☐	☐
A-t-il tendance à jouer au patron ?	☐	☐
Est-il toujours à l'heure ?	☐	☐
Prend-il ses décisions rapidement ?	☐	☐
S'en tient-il aux objectifs fixés jusqu'à ce que le travail soit terminé ?	☐	☐
Est-il à l'aise dans un environnement structuré ?	☐	☐
Son espace de travail est-il impeccable ?	☐	☐
Son bureau est-il dénué d'objets susceptibles de le distraire ?	☐	☐
Les distractions pendant le travail semblent-elles l'agacer ?	☐	☐

5.3.3 S'agit-il d'un stratège ou d'un idéaliste ?

Si vous avez déterminé, dans le tableau 5.1, que vous étiez en présence d'un type « N », parcourez le tableau suivant et vous trouverez probablement le tempérament de la personne qui vous fait face. Si vous cochez une majorité de « oui », il s'agit d'un stratège. Si vous cochez une majorité de « non », il est probable que vous soyez en présence d'un idéaliste.

TABLEAU 5.3

S'agit-il d'un stratège ou d'un idéaliste ?

Énoncé	**Oui**	**Non**
Est-il plus distant que chaleureux ?	☐	☐
Compte-t-il les points dont il va discourir en utilisant les doigts de la main ?	☐	☐
Garde-t-il pour lui ses sentiments ?	☐	☐
Garde-t-il son calme en situation de conflit ?	☐	☐
Est-il avare de compliments ?	☐	☐
Pendant les discussions, lui arrive-t-il souvent de jouer les avocats du diable ?	☐	☐
Évolue-t-il dans un emploi où les besoins des gens viennent avant les questions de production ?	☐	☐
Les murs de son bureau sont-ils exempts de photos familiales ou de dessins de ses enfants ?	☐	☐
Quand il prend une décision, se fonde-t-elle davantage sur l'analyse que sur l'empathie ?	☐	☐
Se concentre-t-il plus sur les faits que sur les gens ?	☐	☐

5.4 Le tempérament et le succès dans l'entreprise

À la lumière de la lecture précédente, êtes-vous en mesure de dire qui, de l'administrateur, du tacticien, du stratège ou de l'idéaliste, a le plus de succès en affaires ? Lequel, selon vous, a le plus d'atouts lui garantissant le succès ? Prenez quelques instants et répondez à cette question avant de poursuivre votre lecture.

Alors que les stratèges et les idéalistes contemplent l'avenir, les administrateurs et les tacticiens cherchent les moyens de livrer plus efficacement le produit ou le service à leurs clients. Qui réussira ? Ceux qui pensent au présent ou ceux qui prévoient l'avenir ?

En fait, tous les gens, quel que soit leur tempérament, peuvent connaître le succès ou l'échec. Le secret du succès – nous le verrons au chapitre 8 – consiste à prendre conscience de ses particularités et lacunes, et à s'entourer de collaborateurs qui peuvent compenser ses faiblesses de sorte que les décisions prises dans l'organisation soient toujours optimales.

Quel que soit votre tempérament, quel que soit votre type psychologique, vous avez le potentiel requis pour réussir en affaires. Il suffit d'apprendre à vous connaître et d'appliquer les notions qui vous seront présentées au cours des trois prochains chapitres.

Trouvez le tempérament des autres

1. Choisissez une personne que vous connaissez bien et tentez de découvrir son tempérament.
2. Par la suite, utilisez cette information pour découvrir son type psychologique.
3. Finalement, demandez-lui de lire le premier chapitre de ce volume et de déterminer son type. Comparez vos réponses et engagez une discussion sur les points où vous divergez.

Troisième partie

Les applications possibles

Chapitre 6

LES APPLICATIONS INDIVIDUELLES

6.1 Une mise en situation

La grande question

Sylvie termine le cinquième chapitre de son livre. Songeuse, elle le dépose et se lève pour s'étirer quelque peu avant de continuer sa lecture. Des pensées la tiraillent.

Elle est d'accord avec l'idée que chacun a des préférences innées. Les concepts lui plaisent et elle est particulièrement fière de s'être retrouvée dans l'une des descriptions du deuxième chapitre. Que doit-elle faire maintenant ? Il lui semble qu'il manque un élément important à la démonstration.

Elle a acheté ce livre pour devenir une meilleure gestionnaire. Si elle souhaite s'améliorer, doit-elle maintenant miser sur ses préférences et les développer au maximum ou s'efforcer d'apprendre à mieux utiliser les fonctions qui l'intéressent moins ? La question n'est pas facile et l'auteur ne lui semble pas clair à ce sujet : faut-il qu'elle continue à améliorer ses forces ou qu'elle s'oblige à développer les fonctions qu'elle apprécie le moins ? Curieuse, elle reprend sa lecture.

6.2 Le développement personnel

Si, à l'instar de Sylvie, vous souhaitez vous améliorer sur le plan personnel, par où vous faut-il commencer ? Devez-vous miser sur vos forces ou entreprendre de compenser vos faiblesses ?

En fait, votre processus d'amélioration personnelle est déjà enclenché. Si vous avez lu consciencieusement ce livre jusqu'à maintenant et que vous avez exécuté les exercices, vous n'êtes déjà plus la même personne. Le simple fait de prendre conscience que les gens sont différents et que chacun a sa contribution à apporter a probablement déjà eu un effet bénéfique sur vos relations interpersonnelles. Vous êtes déjà plus tolérant parce que vous reconnaissez, pour ce qu'ils sont vraiment, les irritants qui vous horripilaient auparavant ; vous avez appris à observer les forces et la contribution potentielle des autres, plutôt que de vous attarder sur ce que, en raison de vos propres particularités et lacunes, vous considériez comme leurs faiblesses.

Toutefois, le fait d'avoir certaines préférences ne suppose pas nécessairement que vous ayez acquis les aptitudes correspondantes. Préférence ne signifie pas nécessairement expertise. Nous avons vu que, dans certains cas, les préférences qui peuvent faire votre force, lorsqu'elles sont poussées à la limite, constituent justement vos faiblesses. La prochaine étape de votre développement personnel consiste à vous assurer de bien gérer les forces que dictent vos préférences. Cela sera l'objet de la section intitulée « Les indications pour l'amélioration personnelle ».

Par la suite, vous apprendrez à mieux utiliser les fonctions qui vous intéressent le moins (votre fonction tertiaire et votre fonction mineure). Pour ce faire, nous vous proposons quelques exercices dans la section intitulée « Le développement des fonctions tertiaire et mineure ».

6.3 Les indications pour l'amélioration personnelle

6.3.1 Les indications pour le ISTJ

ISTJ	Effets possibles des préférences si elles sont très marquées
I	Incapacité à exprimer ce que vous ressentez et difficulté à vous détendre quand vos collègues vous entourent.
S	Vous êtes si intéressé par chacun des détails que vous ne voyez que les arbres et pas la forêt.
T	Difficulté à évaluer les répercussions qu'aura votre décision sur les autres.
J	Difficulté à accepter (ou même à évaluer) le point de vue des autres une fois votre idée faite.

Si vous êtes de type ISTJ et que certaines de vos préférences sont très marquées, vous pourriez avoir avantage à appliquer les indications suivantes :

- Efforcez-vous, devant une situation donnée, de tisser des liens entre les détails que vous percevez et de comprendre les forces et les tendances qui les unissent. Rappelez-vous que la réalité est plus que la somme des détails perçus. Apprenez à deviner la réalité globale.

- Quand vous prenez une décision, demandez-vous quels en seront les effets sur les personnes touchées par cette décision. Tentez ensuite de prévoir les réactions des autres et réévaluez votre décision à la lumière de ces nouvelles réflexions.

- Efforcez-vous de vous révéler davantage aux autres. Relevez leurs forces et obligez-vous à les féliciter de temps à autre. Vous verrez leur attitude changer à votre égard.

- Mettez-vous à la place du collègue qui vous fait une suggestion et tentez, avant d'évaluer le bien-fondé de la proposition, de comprendre pourquoi et comment il en est venu à cette conclusion.

6.3.2 Les indications pour le ISTP

ISTP	Effets possibles des préférences si elles sont très marquées
I	Habitude à conserver son opinion pour soi et à ne pas tenter de comprendre les opinions des autres.
S	Tendance à traiter les problèmes à la pièce, sans vision d'ensemble.
T	Indifférence aux besoins et aux aspirations des autres.
P	Recours à la première solution qui se présente et tendance à ne pas achever ce qui est entrepris.

Si vous êtes de type ISTP et que certaines de vos préférences sont très marquées, vous pourriez avoir avantage à appliquer les indications suivantes :

- Apprenez à partager vos aspirations et demandez aux autres de vous communiquer les leurs. Vous cesserez ainsi de passer pour un être froid et renfermé.

- Assurez-vous que vous traitez les problèmes en fonction de leur importance plutôt qu'en fonction de leur urgence. Les problèmes individuels que vous réglez sont peut-être le résultat d'un problème plus profond auquel vous devrez tôt ou tard vous attaquer.

- Adoptez une méthode de gestion de projet qui vous permettra de déléguer les tâches au fur et à mesure que votre intérêt diminue. De cette façon, l'énergie de chacun ne sera pas gaspillée.

- Devant une situation complexe, efforcez-vous de demander l'opinion des autres et ne rejetez aucune idée avant d'avoir utilisé votre logique pour en faire ressortir les forces et les lacunes. Vous découvrirez peut-être ainsi de nouvelles façons de faire les choses.

6.3.3 Les indications pour le ESTP

ESTP	Effets possibles des préférences si elles sont très marquées
E	Tendance à pousser les autres à l'action, sans nécessairement connaître leur opinion ou leurs aptitudes.
S	Énorme capacité à détecter les faiblesses des autres et les erreurs qu'ils ont commises.
T	Tendance à heurter les autres en leur disant la vérité, sans au préalable censurer ce que vous allez dire.
P	Tendance à vous disperser, sans planification aucune.

Si vous êtes de type ESTP et que certaines de vos préférences sont très marquées, vous pourriez avoir avantage à appliquer les indications suivantes :

- Rappelez-vous que les autres ne possèdent pas les mêmes opinions ni les mêmes aptitudes que vous. Le fait de les pousser à faire quelque chose qui va à l'encontre de leur vision vous les mettra rapidement à dos.

- Demandez-vous, avant de blâmer qui que ce soit, si vous ne devez pas accepter une partie du blâme. Lorsque vous présentez les faits, adoptez le rôle du partenaire orienté vers l'avenir capable de demander aux autres ce qu'il faut faire dorénavant.

- Demandez-vous, avant d'ouvrir la bouche, quelle réaction ce que vous vous apprêtez à dire aura sur la personne qui vous fait face. Rappelez-vous que certaines personnes (les types « F ») acceptent plus difficilement les remarques personnelles.

- Apprenez à vous fixer des priorités et gérez votre temps en tenant compte de ces priorités. Ne vous laissez pas uniquement entraîner par les événements. Vous êtes en mesure de gérer votre temps ; ne laissez pas le temps vous gérer.

6.3.4 Les indications pour le ESTJ

ESTJ	Effets possibles des préférences si elles sont très marquées
E	Tendance à imposer vos décisions aux autres.
S	Vous êtes si pressé de prendre une décision que vous décidez sur la base de quelques faits seulement.
T	Tendance à ne penser qu'à la tâche et à oublier la composante humaine du travail en équipe.
J	Tendance à croire qu'il n'y a qu'un seul bon point de vue : le vôtre.

Si vous êtes de type ESTJ et que certaines de vos préférences sont très marquées, vous pourriez avoir avantage à appliquer les indications suivantes :

- Rappelez-vous que la communication peut être bidirectionnelle. Une fois que vous avez soumis votre opinion, laissez entendre que vous êtes ouvert aux commentaires des autres et efforcez-vous de les écouter jusqu'au bout.

- Ne vous arrêtez pas à la première idée ; avant de prendre une décision, inscrivez sur une feuille trois autres options. Vous serez ainsi en mesure de comparer le pour et le contre de chaque option (c'est l'une de vos forces) et de choisir la meilleure.

- Prenez conscience du fait que les autres ont également une contribution à apporter. Si vous savez reconnaître leur apport et les féliciter quand l'occasion se présente, ils s'investiront plus ardemment dans la tâche et vos résultats globaux s'en trouveront améliorés.

- Prenez la résolution d'écouter jusqu'au bout ce que les autres ont à dire avant de décider que leurs idées sont mauvaises.

6.3.5 Les indications pour le ISFJ

ISFJ	Effets possibles des préférences si elles sont très marquées
I	Penchant pour rester dans l'ombre ; vous laissez souvent les autres profiter de la gloire alors que vous avez fait tout le travail.
S	Vous voyez le travail que les autres ont abandonné et le terminez à leur place.
F	Ignorance de vos propres besoins afin de mieux servir les autres.
J	Tendance à planifier votre temps de façon rigide sans nécessairement tenir compte des priorités.

Si vous êtes de type ISFJ et que certaines de vos préférences sont très marquées, vous pourriez avoir avantage à appliquer les indications suivantes :

- Si vous méritez d'être récompensé, faites en sorte que les autres sachent que vous avez fait le travail. Le fait de rester dans l'ombre et de taire vos bons coups ne vous aidera pas à marquer des points au moment de votre prochaine entrevue d'évaluation.

- Comprenez que vous n'avez pas à terminer tout ce que les autres ont négligé de faire. Si c'est à eux de faire un travail, encouragez-les à le continuer et cessez de couvrir ceux qui négligent leur tâche sans raison valable.

- Vous aimez beaucoup faire plaisir mais, dans la distribution de vos largesses, avez-vous oublié quelqu'un ? Vous aussi avez des besoins et ceux-ci ne devraient pas être relégués au dernier rang. Faites-vous un peu plaisir !

- Apprenez, quand vous planifiez l'utilisation de votre temps, à séparer les activités importantes et les activités urgentes. Si vous souhaitez faire avancer l'entreprise, ce sont les activités à la fois urgentes ET importantes qui devraient être entreprises en premier.

6.3.6 Les indications pour le ISFP

ISFP	Effets possibles des préférences si elles sont très marquées
I	Difficulté à présenter votre point de vue pour que les autres vous comprennent.
S	Propension à être très critique envers vous-même.
F	Capacité à prendre le monde sur vos épaules et à faire vôtres les problèmes des autres.
P	Tendance à passer rapidement à autre chose plutôt qu'à faire face à un conflit.

Si vous êtes de type ISFP et que certaines de vos préférences sont très marquées, vous pourriez avoir avantage à appliquer les indications suivantes :

- Demandez à une personne en qui vous avez confiance d'écouter ce que vous dites et de résumer votre message. Travaillez jusqu'à ce que le message perçu par l'autre corresponde à ce que vous souhaitiez communiquer.

- Prenez une feuille de papier et dressez la liste de toutes vos qualités. Au besoin, faites-vous aider si vous trouvez la tâche trop difficile à entreprendre. Le fait de voir, noir sur blanc, vos forces et vos qualités aura un effet positif sur votre estime personnelle.

- Prenez conscience que les autres ne font pas partie de vous et qu'il est également de leur responsabilité de faire face à leurs problèmes. Aider ceux qui vous entourent vous convient, mais vous ne devez pas le faire au point de les rendre incapables de se débrouiller seuls. Tentez plutôt de les rendre autonomes !

- Lisez le livre *Communiquez ! Négociez ! Vendez !* afin de comprendre que le conflit est sain et nécessaire dans une équipe qui souhaite avancer.

6.3.7 Les indications pour le ESFP

ESFP	Effets possibles des préférences si elles sont très marquées
E	Tendance prononcée à jouer les bouffons.
S	Incapacité d'élaborer un portrait global de la situation ; tendance à voir les arbres sans voir la forêt.
F	Tendance certaine à reléguer aux oubliettes vos propres valeurs ou opinions dans le seul but de ne pas froisser les autres.
P	Sans que ce soit nécessaire, irruption spontanée dans le travail des autres pour leur être agréable et réduire leur charge de travail.

Si vous êtes du type ESFP et que certaines de vos préférences sont très marquées, vous pourriez avoir avantage à appliquer les indications suivantes :

- Prenez conscience que, tout agréables qu'ils soient, les bouffons ne sont pas nécessairement ceux qui ont les promotions et les augmentations de salaire. Apprenez à faire la part des choses : il y a un temps pour rire et un temps pour être sérieux.

- Devant une situation complexe, arrêtez un instant et demandez-vous s'il existe un lien entre tous les détails que vous percevez.

- En évitant de vous affirmer auprès des autres, votre estime de soi diminue de plus en plus. Apprenez à faire part de vos valeurs et si une décision ne vous fait pas plaisir, dites-le ! Vous avez le potentiel de faire connaître votre opinion sans blesser les autres.

- Rappelez-vous que vous avez une tâche à accomplir et que si vous empilez les petits services, votre travail personnel risque d'être bâclé. De plus, vous êtes-vous déjà demandé si vos irruptions dans le travail des autres font toujours l'affaire des personnes que vous « aidez » ?

6.3.8 Les indications pour le ESFJ

ESFJ	Effets possibles des préférences si elles sont très marquées
E	Forte tendance à bavarder et même à commérer.
S	Perception orientée vers une vision partielle des besoins de ceux qui vous entourent.
F	Tendance prononcée à faire passer les besoins des autres avant les vôtres.
J	Propension à prendre des décisions rapides en fonction des besoins des gens, au détriment des objectifs de l'entreprise.

Si vous êtes de type ESFJ et que certaines de vos préférences sont très marquées, vous pourriez avoir avantage à appliquer les indications suivantes :

- Prenez l'habitude, un jour sur trois, de répondre rapidement aux questions que l'on vous pose et de vous concentrer sur la tâche en cours. Vos interactions avec les collègues deviendront plus équilibrées.

- Ce que vous percevez comme un besoin immédiat chez un collègue ne l'est peut-être pas. Avant de vous précipiter à sa rescousse, faites-vous un portrait global de ses objectifs.

- Pensez à vous de temps à autre et rappelez-vous que si vous ne prenez pas l'habitude de vous faire plaisir, vous finirez par oublier vos besoins quant à votre santé, à vos promotions éventuelles ou à votre estime personnelle.

- Demandez-vous, quand vous prenez une décision, si celle-ci permettra à l'entreprise de se rapprocher de ses objectifs. Si tel n'est pas le cas, cherchez une autre option qui vous permettra de jumeler les besoins des autres avec vos obligations dans l'entreprise.

6.3.9 Les indications pour le INFJ

INFJ	Effets possibles des préférences si elles sont très marquées
I	Vous laissez les autres deviner vos forces.
N	Souvent perdu dans vos idées et dans vos projets, vous négligez le présent.
F	Vous ne voulez pas déranger et vous négligez de demander de l'aide.
J	Vous vous faites rapidement une opinion, mais vous négligez de la partager, ce qui peut nuire à la capacité d'adaptation de l'entreprise.

Si vous êtes de type INFJ et que certaines de vos préférences sont très marquées, vous pourriez avoir avantage à appliquer les indications suivantes :

- Rappelez-vous qu'un introverti ne laisse pas toujours voir ses forces et que les autres ne peuvent pas nécessairement deviner comment vous pourriez les aider. Laissez de côté la modestie et faites connaître les avantages de travailler avec vous.

- Obligez-vous à parler d'avenir avec un type « S ». Il vous offrira peut-être un point de vue que vous avez ignoré jusqu'ici.

- Ne supposez pas que vous dérangez quand vous devez appeler à l'aide. Les autres seront heureux de vous aider et, le travail se faisant plus vite, vous pourrez ensuite reprendre les tâches dans lesquelles vous excellez.

- Apprenez à communiquer vos idées et à comprendre que, même si elles ne sont pas automatiquement acceptées, elles contribuent à la discussion et peuvent faire naître la solution optimale, celle qui mènera votre entreprise vers de nouveaux sommets. Ne tenez pas pour acquis que les autres ont de meilleures idées ; ils n'attendent que votre opinion pour continuer le débat.

6.3.10 Les indications pour le INFP

INFP	Effets possibles des préférences si elles sont très marquées
I	Vous vous laissez imposer des conditions salariales sans plaider en votre faveur.
N	Tendance forte à vous lancer dans des projets qui ne sont pas vraiment sérieux.
F	Tendance à ne pas dire aux autres ce que vous pensez. Cette tendance peut conduire au ressentiment.
P	Facilité à remettre à plus tard.

Si vous êtes de type INFP et que certaines de vos préférences sont très marquées, vous pourriez avoir avantage à appliquer les indications suivantes :

- Prenez conscience de votre valeur. S'il le faut, faites un sondage sur les salaires normalement versés à des personnes occupant votre catégorie d'emploi et rappelez-vous que, pour un supérieur hiérarchique, la valeur du travail que vous accomplissez est dépendante du montant de votre salaire. Si vous gagnez moins, il peut être tenté de penser que vous valez moins.

- N'oubliez pas que les meilleures décisions doivent reposer sur une base solide de faits. Le fait que vous ayez une idée n'implique pas qu'il faille nécessairement la mettre en œuvre.

- Apprenez à dire aux autres ce que vous attendez d'eux et demandez-leur ce qu'ils attendent de vous. Si quelqu'un n'est pas à la hauteur de vos attentes, dites-le-lui, puis tentez, ensemble, de trouver une solution avant que le ressentiment ne vous gagne.

- Prenez le temps, avant de vous lancer dans un projet, de vous demander s'il vaut la peine d'être entrepris. Si tel est le cas, faites-le jusqu'au bout.

6.3.11 Les indications pour le ENFP

ENFP	Effets possibles des préférences si elles sont très marquées
E	Tendance à être si démonstratif pendant la présentation d'une opinion que vous faites naître le doute chez ceux qui vous écoutent.
N	Vous sous-estimez le temps nécessaire à l'accomplissement d'une tâche.
F	Propension à suivre les modes sans en contester le bien-fondé.
P	Vous ignorez souvent quand cesser d'accepter des mandats. Cette attitude peut être à l'origine d'une augmentation indue de votre stress.

Si vous êtes de type ENFP et que certaines de vos préférences sont très marquées, vous pourriez avoir avantage à appliquer les indications suivantes :

- Si vous constatez que les autres s'échangent des sourires ou des signes pendant que vous tentez de les convaincre d'une idée, prenez du recul et diminuez vos envolées verbales ou la portée de vos gestes. Une attitude plus modérée vous rendra peut-être plus crédible.

- Obligez-vous à mettre de côté l'intuition et, pour évaluer le temps que prendra un travail, rappelez-vous le temps qu'il vous a fallu dans le passé pour mener à bien un projet semblable.

- Avant de vous lancer aveuglément dans une mode ou avant d'accepter la première idée venue, mesurez sa valeur par rapport à vos propres valeurs et aux objectifs de l'entreprise. Votre enthousiasme étant communicatif, les autres vous en voudront si vous les entraînez dans des décisions contre-productives.

- Gardez présent à l'esprit la totalité des mandats en cours et révisez cette liste avant d'accepter de nouvelles responsabilités.

6.3.12 Les indications pour le ENFJ

ENFJ	Effets possibles des préférences si elles sont très marquées
E	Tendance à faire des interventions trop longues qui ne font pas avancer le débat.
N	Vous êtes facilement emballé par les théories à la mode et vous êtes susceptible de les utiliser pour trouver des solutions à tous les problèmes.
F	Une remarque qui ne vous vise pas personnellement peut vous affecter.
J	Propension à jouer les patrons et à dire aux autres quoi faire.

Si vous êtes de type ENFJ et que certaines de vos préférences sont très marquées, vous pourriez avoir avantage à appliquer les indications suivantes :

- Préparez vos interventions pour qu'elles ne durent pas plus longtemps que celles des autres. Vous n'êtes pas obligé de tout dire en une fois. Appâtez vos interlocuteurs et répondez ensuite à leurs questions. Au lieu de les ennuyer, vous les emballerez.

- Faites la part des choses et ne rebattez pas les oreilles des autres avec votre intérêt conceptuel du moment. La plupart des gens sont orientés vers la résolution pratique de problèmes actuels.

- Même si cela est difficile pour vous, tentez de tenir pour acquis que les remarques qui vous sont adressées visent le travail en cours et les moyens de l'accomplir. Réagissez en ce sens et étudiez votre vis-à-vis. Vous remarquerez qu'il continuera la conversation comme si de rien n'était. Il n'avait pas l'intention de vous blesser.

- Utilisez votre pouvoir de persuasion à bon escient : n'imposez pas votre perception aux autres sans demeurer ouvert à leurs réactions.

6.3.13 Les indications pour le INTJ

INTJ	Effets possibles des préférences si elles sont très marquées
I	Propension à vous isoler dans votre propre monde et à être agacé par ceux qui interrompent cette attitude.
N	Vous devinez la situation si facilement qu'il vous est difficile de croire que les autres doutent de votre pressentiment.
T	Tendance à entreprendre les travaux de groupe seul, sans tenir compte de vos coéquipiers.
J	Vous êtes persuadé que vos idées sont les meilleures et que tous devraient y adhérer.

Si vous êtes de type INTJ et que certaines de vos préférences sont très marquées, vous pourriez avoir avantage à appliquer les indications suivantes :

- Apprenez à demander aux autres une certaine rétroaction sur votre travail. Efforcez-vous d'améliorer vos interactions avec tous les membres de votre équipe.

- Avant de présenter votre vision, demandez-vous comment vous pourriez la rendre plus crédible. Trouvez des faits vérifiables, des citations ou des statistiques qui appuient vos dires.

- Demandez-vous pourquoi vous faites tout le travail. Doutez-vous de la compétence de vos collègues ? Vous ne partagez pas leurs valeurs ? Dans le deuxième cas, n'entreprenez pas un travail de groupe avant d'avoir échangé vos vues sur les attentes et les principes qui devraient guider le travail.

- Ne réagissez pas trop spontanément. Prenez note des suggestions des autres puis analysez-les, à tête reposée, quand vous serez seul. Vous vous rendrez peut-être compte que la suggestion est devenue plus crédible à vos yeux.

6.3.14 Les indications pour le INTP

INTP	Effets possibles des préférences si elles sont très marquées
I	Vous êtes considéré comme froid et indifférent aux yeux des autres.
N	Vous risquez d'être perçu comme un snob intellectuel.
T	Tendance à supposer que tout le monde agit de façon rationnelle. Vous vous inquiétez peu de l'effet que vous avez sur les autres.
P	Vous n'hésitez pas à passer à la moulinette les arguments de l'autre partie, même s'ils proviennent de votre supérieur hiérarchique.

Si vous êtes de type INTP et que certaines de vos préférences sont très marquées, vous pourriez avoir avantage à appliquer les indications suivantes :

- Donnez-vous comme objectif d'étudier ce qui mobilise et enthousiasme les gens. Vous pourrez ainsi rendre rationnels le soutien et la rétroaction envers les autres.

- Pensez que les théories ne plaisent pas à tous et qu'une théorie ne peut, seule, régler une situation. Plutôt que les concepts, proposez la démarche qui en découle et les étapes qui pourraient régler le problème à l'étude.

- Vous devriez déjà, à cette étape de votre lecture, avoir intégré la notion qu'il y a deux façons de prendre des décisions et que, pour certaines personnes, la présentation froide de la vérité est dérangeante. Ménagez les susceptibilités.

- Il est vrai que vous repérez rapidement les erreurs de raisonnement et les failles dans la position des autres. Cependant, avant de faire étalage de votre découverte, demandez-vous quel effet aura votre intervention et faites en sorte de ne pas vous mettre vos collègues à dos.

6.3.15 Les indications pour le ENTP

ENTP	Effets possibles des préférences si elles sont très marquées
E	Tendance à vous mettre en évidence et à laisser entendre que vous avez fait tout le travail.
N	Tendance à être très théorique pour justifier une opinion.
T	Vous prenez vos décisions sans tenir compte de l'effet qu'elles auront sur les autres.
P	Tendance à contourner les structures et les politiques en place pour obtenir un avantage immédiat.

Si vous êtes de type ENTP et que certaines de vos préférences sont très marquées, vous pourriez avoir avantage à appliquer les indications suivantes :

- Ce mandat pour lequel vous prenez toute la gloire n'est probablement pas le dernier de votre carrière. Ceux qui vous ont accompagné dans le succès ne répondront peut-être pas à votre appel si vous les ignorez au moment de sabler le champagne. Partagez la gloire avec eux.

- Vous aimez les concepts, mais ceux qui vous entourent ne partagent pas nécessairement votre engouement. Efforcez-vous de présenter vos idées de façon directe, en tissant des liens entre ce que vous dites et la réalité que vivent vos interlocuteurs.

- Rappelez-vous que, dans une entreprise, la décision optimale n'est pas toujours celle suggérée par les équations mathématiques et que vous y gagnerez sûrement en tenant également compte de la dimension humaine.

- Modérez votre intérêt pour les passe-droits et pour les décisions arbitraires si vous souhaitez conserver le respect de vos troupes et ne pas susciter d'antagonisme à l'égard des bénéficiaires de vos faveurs.

6.3.16 Les indications pour le ENTJ

ENTJ	Effets possibles des préférences si elles sont très marquées
E	Vous terminez les phrases de vos interlocuteurs.
N	Vous vous impatientez facilement devant les contraintes pratiques.
T	Préoccupé par la tâche à accomplir, vous sous-estimez les besoins de ceux qui vous entourent.
J	Propension à bureaucratiser l'entreprise pour mieux diriger et mesurer les résultats.

Si vous êtes de type ENTJ et que certaines de vos préférences sont très marquées, vous pourriez avoir avantage à appliquer les indications suivantes :

- Pratiquez l'écoute active. Non seulement en apprendrez-vous plus, mais les autres vous témoigneront du respect.

- Vous vivez dans l'avenir et vous prenez souvent des décisions sans vous soucier des contraintes présentes. Pour pallier cette lacune, assignez à un collègue le rôle d'avocat du diable. Il devra défier vos décisions avant que celles-ci soient mises en œuvre.

- Évaluez régulièrement le moral des troupes et le poids des mandats courants sur leurs épaules. Quand vous prenez une décision, demandez-vous quels effets elle aura sur eux. La meilleure décision n'est pas toujours celle qu'on croit.

- Considérez l'idée de remplacer les structures par un énoncé de mission. Pourquoi ne pas tenter de rendre les autres plus autonomes plutôt que de considérer que, sans supervision directe, leur rendement sera moindre ?

6.4 L'amélioration des fonctions tertiaire et mineure

Reportez-vous au deuxième chapitre et voyez de nouveau, à l'aide du tableau 2.1, quelles sont les fonctions dominante, complémentaire, tertaire et mineure propres à votre type psychologique.

Nous avons vu que, dans la première partie de votre vie, vous avez dirigé vos efforts d'amélioration personnelle vers vos forces (les fonctions primaire et complémentaire). Nous avons également vu qu'il vous faut faire des efforts pour éviter les abus que peuvent entraîner des préférences trop marquées.

Après ces étapes, vous devez penser à vous améliorer de façon plus efficace en développant vos fonctions tertiaire et mineure.

L'utilisation de vos forces tertiaire et mineure ne représente sans doute pas une activité agréable puisqu'elle va à l'encontre de vos préférences naturelles, mais vous pouvez tout de même le faire en y trouvant un certain plaisir. Voyons brièvement comment.

6.4.1 L'amélioration de l'aspect sensoriel « S »

Les avantages

Par l'amélioration de l'aspect « S », s'il s'agit pour vous d'une préférence tertiaire ou mineure, vous apprendrez à apprécier davantage l'instant présent, vous deviendrez plus réaliste et plus intéressé par les détails. Grâce à votre préférence naturelle pour l'intuition, cela fera de vous une personne capable de percevoir plus justement ce qui se passe dans son environnement.

Les moyens

Pour augmenter l'aspect « S », adonnez-vous à des tâches qui requièrent une attention particulière pour les détails et qui impliquent des résultats immédiats : la menuiserie, la cuisine, le jardinage ou la lecture d'ouvrages pratiques. Toute activité qui incite à utiliser vos sens et à mesurer vos résultats immédiats constitue une bonne façon d'augmenter l'aspect « S » de votre personnalité.

6.4.2 L'amélioration de l'aspect intuitif « N »

Les avantages

Par l'amélioration de l'aspect « N », s'il s'agit pour vous d'une préférence tertiaire ou mineure, vous deviendrez plus ouvert au changement, vous tenterez d'aller plus loin que ce que vous montrent vos sens, vous vous ferez plus aisément un portrait global de la situation et vous comprendrez que le travail que vous effectuez aujourd'hui a une raison d'être quant aux objectifs à long terme de votre entreprise. Grâce à votre préférence naturelle pour la perception par les sens, vous serez en mesure de percevoir plus justement ce qui se passe dans votre environnement.

Les moyens

Adonnez-vous à des tâches qui exigent de vous projeter dans l'avenir ou qui obligent le recours à l'imagination : la lecture d'ouvrages de fiction, toute activité artistique, l'écriture, l'étude de nouvelles théories ou même un retour en classe. Toute activité qui incite à faire appel à vos capacités créatives et à la résolution de problèmes constitue une bonne façon d'améliorer cet aspect de votre personnalité.

6.4.3 L'amélioration de l'aspect logique « T »

Les avantages

Par l'amélioration de l'aspect « T », s'il s'agit pour vous d'une préférence tertiaire ou mineure, vous serez capable de demeurer plus objectif quand vous prenez une décision et vous aurez plus de facilité à prendre des décisions qui rapprochent l'entreprise de ses objectifs. En acquérant un plus grand sens critique, vous deviendrez un meilleur superviseur : vous saurez vous affirmer auprès de vos subalternes et leur suggérerez des pistes d'amélioration. Grâce à votre préférence naturelle pour prendre des décisions fondées sur vos valeurs, vous serez en mesure de décider plus efficacement, en tenant compte à la fois des besoins de l'entreprise et de l'effet qu'aura la décision sur les personnes touchées.

Les moyens

Adonnez-vous à des tâches qui exigent l'utilisation du côté gauche de votre cerveau : jeux de stratégie, programmation informatique, techniques de négociation, étude en droit. Toute activité qui incite à prendre des décisions fondées sur la logique et sur des critères fixés à l'avance constitue une bonne façon d'améliorer cet aspect de votre personnalité.

6.4.4 L'amélioration de l'aspect empathie « F »

Les avantages

Par l'amélioration de l'aspect « F », s'il s'agit pour vous d'une préférence tertiaire ou mineure, vous commencerez à vous demander, quand vous prenez une décision, quels effets celle-ci aura sur les autres. Vous serez mieux en mesure d'apporter un soutien humain quand des gens qui vous entourent vivront une période difficile. Les liens qui vous unissent aux autres seront plus forts, vos employés seront plus loyaux et vous apprendrez à les percevoir plus positivement, sous l'angle de leur contribution au succès de l'entreprise.

Grâce à votre préférence naturelle pour prendre des décisions fondées sur la logique, vous serez en mesure de décider plus efficacement, en tenant compte à la fois des besoins de l'entreprise et de l'effet qu'aura la décision sur les personnes touchées. La qualité de chacune de vos décisions s'en trouvera fortement améliorée.

Les moyens

Adonnez-vous à des tâches qui exigent l'utilisation du côté droit de votre cerveau : bénévolat, retrouvailles d'anciens amis depuis longtemps délaissés, écriture d'un journal personnel dans lequel vous inscrivez vos sentiments de la journée, habitude de remercier ceux qui vous rendent service, recherche continue d'éléments vous permettant de féliciter les autres ou de mettre en lumière leurs qualités. Toute activité qui incite à prendre des décisions fondées sur vos valeurs et sur vos sentiments constitue une bonne façon d'améliorer cet aspect de votre personnalité.

6.5 La rencontre d'évaluation

L'utilisation stratégique des types psychologiques peut également vous aider à faire meilleure figure au moment de votre prochaine rencontre d'évaluation. Que se passe-t-il durant ces rencontres ? Votre superviseur vous fait part de l'écart qu'il y a entre ses attentes et ce qu'il a observé de vous et de votre travail.

Or, ce qu'il a perçu dépend de ses préférences personnelles. Il a lui aussi ses particularités et ses lacunes. C'est pourquoi, pour sortir gagnant d'une telle rencontre, vous devez mettre l'accent sur les éléments qui amélioreront sa perception de votre travail.

Si, par exemple, vous mettez en valeur votre esprit créatif et que votre supérieur a un tempérament d'administrateur, il est peu probable que vous l'impressionniez : ce type de tempérament ne recherche pas la créativité chez ses employés. Il convient donc de préparer votre rencontre d'évaluation en sachant ce qui constitue, pour lui, un bon employé. En ce sens, vous serez grandement aidé si vous avez su déterminer son tempérament.

Un **administrateur** évalue le rendement d'un employé en fonction de son sens des responsabilités et de sa loyauté.

Profitez de l'occasion offerte pour parler, par exemple, de la soirée que vous avez passée au travail pour terminer un rapport qui devait être remis le lendemain. Traitez du client qui était en colère contre l'entreprise et que vous avez, au prix de grands efforts, ramené parmi la clientèle. Bref, montrez que l'entreprise vous tient à cœur et que vous n'hésitez pas à investir tout votre temps et votre énergie pour mériter la confiance de votre supérieur.

Un **tacticien** apprécie la débrouillardise et la faculté de s'adapter rapidement.

Entretenez-le de la dernière crise dont vous avez pris le leadership et que vous avez transformée en occasion d'affaires ; il sera ravi. Traitez du client qui semblait perdu pour l'entreprise et que vous avez su, *in extremis*, satisfaire en lui faisant une offre à laquelle personne n'avait songé dans l'organisation. Faites la preuve que votre débrouillardise constitue un grand atout pour l'organisation.

Un **stratège** apprécie un employé à la fois ingénieux et logique.

N'oubliez pas de lui rappeler la rigueur avec laquelle vous prenez une décision et, si possible, parlez-lui du problème de production que vous avez réglé en inventant un nouveau processus ou une nouvelle procédure.

Un **idéaliste** favorise les valeurs et l'harmonie.

Il vous considérera comme irremplaçable si vous démontrez le respect que vous témoignez aux autres (qu'ils fassent ou non partie de l'entreprise), votre capacité d'exprimer vos idées personnelles et votre sensibilité aux valeurs de l'organisation. Relisez la mission de l'entreprise et affirmez, durant la rencontre, votre profond désir d'aider l'entreprise à cheminer vers le succès, dans l'harmonie complète et sans rupture avec les valeurs qui l'animent depuis sa fondation.

Il va sans dire que ces conseils ne préconisent pas d'inventer de fabuleux exploits. Ils vous suggèrent de mettre l'accent sur les réalisations que vous avez faites et qui sont les plus susceptibles de vous mettre en valeur aux yeux de l'évaluateur. Nous ne faisons pas ici l'éloge de la manipulation.

Si vous-même êtes le supérieur hiérarchique à qui il revient de mener de telles rencontres, une meilleure connaissance de vos particularités et de vos lacunes devrait vous aider à ne pas favoriser un type d'employé plutôt qu'un autre. Nous y reviendrons au chapitre 8.

6.6 La recherche d'emploi

L'époque où un individu pouvait évoluer durant toute sa vie active dans la même entreprise est révolue. Les probabilités de devoir chercher un nouvel emploi sont beaucoup plus grandes aujourd'hui que dans les années de l'après-guerre.

Si vous êtes présentement sans emploi, ou si votre emploi actuel ne vous satisfait pas et que vous songez à un changement de carrière, la théorie des types psychologiques peut vous venir en aide.

Selon votre tempérament, vous avez tendance à privilégier certains environnements de travail. Nous vous présentons maintenant quelques caractéristiques des emplois que préfère chaque tempérament. Nous vous encourageons, pour en apprendre plus à ce sujet, à consulter *Do What You Are,* un ouvrage dont vous trouverez la référence dans la bibliographie.

L'administrateur est souvent plus heureux dans des emplois exigeant de hautes responsabilités, dans des entreprises stables où sont en place des mécanismes permettant de déterminer qui est responsable de chaque tâche. Il n'apprécie pas les milieux où l'on remet constamment en question les idées reçues et où l'on ne respecte pas la hiérarchie. Il peut être malheureux dans les entreprises en constante redéfinition, où l'on ignore de quoi demain sera fait.

Le tacticien préfère un environnement de travail qui lui permet d'être autonome et qui comporte le minimum possible d'aspects routiniers. Il apprécie la variété et est au mieux de sa forme dans des tâches susceptibles de produire rapidement les résultats escomptés. Perfectionniste de nature, le tacticien est rarement à l'aise dans des tâches qui lui imposent d'utiliser des aptitudes qu'il ne maîtrise pas parfaitement.

Le stratège préfère un environnement de travail qui le stimule intellectuellement et qui lui procure à la fois l'autonomie à laquelle il aspire et les défis qui le font vibrer. Si sa fonction ne l'inspire pas, le stratège ne fournit qu'une mince fraction de son potentiel.

L'idéaliste se sent à l'aise dans un environnement de travail qui l'aide non seulement à gagner sa vie, mais aussi à cheminer en accord avec ses valeurs personnelles. Il préfère un groupe de travail démocratique, où le patron s'enquiert de l'opinion de tous avant de prendre une décision et où ne règne pas la compétitivité. L'idéaliste n'a pas avantage à évoluer dans des milieux de travail où les conflits sont fréquents.

Améliorez votre fonction mineure

Obligez-vous, aujourd'hui même, à entreprendre l'une ou l'autre des activités susceptibles d'améliorer votre fonction mineure.

Chapitre 7

Les applications au sein de l'équipe

7.1 Une mise en situation

L'exclusion

En arrivant dans la salle de conférence, Lucie sait déjà comment les participants se sont regroupés. Julie, Julien, Johanne et Jean se tiennent dans un coin et discutent dans la joie pendant que Paul et Pierrette, à l'autre bout de la pièce, attendent en silence que la réunion commence. Lucie ne possède pas de dons de clairvoyance : tous s'assoient ainsi depuis deux ans.

Elle salue le groupe et prend place au bout de la table mais, contrairement à son habitude, elle reste debout et contemple les participants en silence. Immédiatement, Julie, Julien, Johanne et Jean se taisent, prenant conscience du fait qu'ils étaient écoutés. Contente de l'attention que tous lui prodiguent, Lucie sort de sa mallette une série de cartons portant les noms des participants. « Je vais placer vos noms sur la table. Je vous demande de vous asseoir à l'endroit que je vous aurai assigné. »

Trois minutes plus tard, le malaise est palpable dans la pièce. Chacun se retrouve entouré de personnes avec qui il ne parle pas souvent.

7.2 La consolidation d'une équipe

Cette mise en situation vous est-elle familière ? Il ne suffit pas de regrouper quelques personnes et de leur assigner une tâche commune pour pouvoir soutenir que vous avez formé une équipe. Une équipe est plus que le regroupement d'individus.

Pour qu'un groupe d'individus travaillant à une tâche commune mérite le nom d'équipe, certaines conditions sont nécessaires :

- Chacun doit connaître les forces des autres. Sinon, les tâches ne seront pas assignées en fonction des forces de chacun. En conséquence, l'équipe prendra plus de temps pour produire un moins bon travail.

- Personne ne doit se sentir menacé par les forces des autres. Un réflexe courant consiste à considérer que les connaissances particulières d'un coéquipier le rendent supérieur à soi. Les aptitudes des autres ne constituent pas des menaces mais des éléments qui permettent à l'équipe de donner un rendement maximal.

- Les coéquipiers doivent s'accepter tels qu'ils sont. Il ne sert à rien de tenter de changer les autres. Pour apporter une contribution significative à votre équipe, vous devez vous adapter aux autres. Eux aussi doivent s'adapter à vous.

- Les coéquipiers doivent être animés de la même mission. Il arrive que, dans une équipe, les coéquipiers ne soit même pas à la recherche des mêmes résultats. Bien sûr, les résultats d'une telle équipe sont à des années-lumière de ce que l'on attendait d'elle. Ce malentendu trouve souvent son origine chez le supérieur hiérarchique qui, au moment de former l'équipe, a présenté le mandat trop rapidement, sans s'assurer que chacun avait bien compris.

- Celui qui forme l'équipe doit faire confiance à ses membres sur le plan du partage des responsabilités et du choix des moyens. Si cette condition n'est pas présente, l'équipe est une mise en scène simulant la confiance et un simulacre de transfert de responsabilités.

- Chacun doit adopter des méthodes d'influence et de persuasion qui lui permettent d'améliorer son potentiel de persuasion auprès de ses coéquipiers.

- Chacun doit prendre à cœur le succès de l'équipe. Pour ce faire, chaque coéquipier doit être conscient de ses forces et de ses faiblesses. Il est ainsi en mesure de se consacrer aux tâches qui lui conviennent et d'accepter que d'autres s'occupent des tâches dans lesquelles ils excellent.

7.3 Qu'avez-vous à offrir ?

Ces conditions gagnantes ne sont pas difficiles à mettre en place. Nous vous présenterons dans les pages qui suivent des moyens pour y arriver. Mais, avant de présenter comment vous pouvez influer sur les autres en tenant compte des tempéraments ou des types psychologiques, voyons ce que vous avez vous-même à offrir à votre équipe.

Nous vous présentons 16 courts manuels de l'équipier, qui vous permettront de découvrir, selon votre type psychologique, vos forces et vos faiblesses au sein d'une équipe.

7.3.1 Le manuel d'équipe du ISTJ

Vous êtes particulièrement apprécié par les membres de votre équipe, car votre bon sens permet d'analyser les faits objectivement et votre sens du devoir impose à l'équipe de terminer le travail dans les délais requis. Vous savez prévenir les discussions vaines et stériles qui entraînent le ralentissement du travail.

Cependant, vos coéquipiers n'apprécient pas toujours votre difficulté à montrer du plaisir et à faire connaître vos idées ; il faut souvent insister pour que vous révéliez le fond de votre pensée.

Apprenez à accepter les autres tels qu'ils sont. Ceux qui vous exaspèrent sont ceux qui monopolisent la conversation en la faisant dévier vers des sujets qui ne vous intéressent pas et ceux qui ne poursuivent pas leur mandat jusqu'au bout.

Vous pourriez améliorer votre contribution à l'aide des conseils suivants :

- Souriez ! Comprenez que, à intervalles réguliers, une équipe a besoin d'oublier la tâche et de se détendre un peu.

- N'attendez pas que l'équipe se soit trop investie dans une avenue pour laquelle vous n'êtes pas d'accord avant de présenter vos arguments. Mettez-vous à leur place : que penseriez-vous si un supérieur hiérarchique vous laissait travailler dans le vide pendant deux semaines avant de vous demander de recommencer le travail ?

- Ne laissez pas grimper le degré de stress : si une personne vous irrite en interrompant les autres, faites-lui gentiment remarquer que vous écoutiez la personne interrompue et que vous apprécieriez de l'écouter jusqu'à ce qu'elle ait terminé.

7.3.2 Le manuel d'équipe du ISTP

Vous êtes particulièrement apprécié par les membres de votre équipe, car vous percevez des choses qui vous semblent évidentes mais que les autres ne voient pas. De plus, vous incitez les gens à passer à l'action. Ils n'hésitent pas à vous suivre parce qu'ils savent que si vous vous lancez dans un projet, celui-ci sera organisé efficacement.

Cependant, vos coéquipiers n'apprécient pas votre tendance à sauter d'un projet à l'autre et votre apparente désorganisation qui, souvent, les rend nerveux. Vous les irritez, même quand ils sont fiers du travail accompli et que vous pointez le doigt vers les petits détails qui auraient pu être améliorés.

Apprenez à accepter les autres tels qu'ils sont. Ceux qui vous exaspèrent sont ceux qui présentent des arguments émotionnels et qui, selon votre perception, font perdre du temps à l'équipe.

Vous pourriez améliorer votre contribution à l'aide des conseils suivants :

- Imposez-vous une marche à suivre au moment de prendre une décision et comprenez qu'il faut obligatoirement tenir compte de l'effet qu'elle aura sur les autres.

- Surprenez vos coéquipiers en arrivant préparé aux réunions. Si vous arrivez à l'avance et que l'ordre du jour n'a pas été distribué au préalable, vous pourrez le consulter avant que la réunion commence.

- Une tâche qui mérite d'être entreprise mérite d'être terminée. N'acceptez aucun nouveau mandat sans tenir compte de l'effet qu'il aura sur le travail en cours et apprenez à dire non (ou à déléguer) si un mandat risque de nuire au travail déjà entrepris.

7.3.3 Le manuel d'équipe du ESTP

Vous êtes particulièrement apprécié par les membres de votre équipe, car votre aspect « P » vous aide à trouver des solutions ingénieuses qui peuvent facilement être mises en pratique. Votre enthousiasme est communicatif et vous encouragez facilement les autres à passer à l'action en les assurant que vous les aiderez à faire face aux difficultés au fur et à mesure qu'elles se présenteront.

Cependant, vos coéquipiers n'apprécient pas toujours que vous vous mettiez à l'œuvre sans leur en avoir parlé, comme si vous ne teniez pas compte de leur opinion. Ils n'apprécient pas toujours votre humour décapant et votre propension à précipiter les crises pour augmenter votre plaisir au travail.

Apprenez également à accepter les autres tels qu'ils sont. Ceux qui vous exaspèrent sont ceux qui ne se lancent pas rapidement dans l'action, qui n'apprécient pas votre sens de l'humour ou qui, à vos yeux, jouent les victimes au lieu de se mettre à l'œuvre.

Vous pourriez améliorer votre contribution à l'aide des conseils suivants :

- Faites la preuve que vous n'improvisez pas. Démontrez aux autres, en vous basant sur des points qu'ils ont précédemment acceptés, en quoi votre proposition aidera l'équipe à atteindre ses objectifs.

- Comprenez que certaines personnes souhaitent savoir pourquoi la solution que vous préconisez est supérieure aux autres. Préparez-vous donc à la défendre en traitant autant de vos raisons personnelles que de l'effet qu'elle aura sur les autres.

- Retenez vos paroles. Avant de répondre à une remarque ou de faire un commentaire, pensez à ce que vous vous apprêtez à dire et assurez-vous que vous ne blesserez personne.

7.3.4 Le manuel d'équipe du ESTJ

Vous êtes particulièrement apprécié par les membres de votre équipe, car vous arrivez facilement à structurer un problème et les moyens qui devront être mis en place pour le régler. Lorsqu'ils discutent avec vous, vos coéquipiers savent à quoi s'en tenir du fait que vous concentrez votre discours sur les faits et que vous évitez les généralités et les métaphores. De plus, vous vous assurez d'être clair quand vient le temps de distribuer les tâches.

Cependant, vos coéquipiers n'apprécient pas toujours votre empressement à commencer le travail et ont souvent l'impression que vous leur poussez dans le dos. De plus, ils ont l'impression que vous faites semblant de déléguer et que, en réalité, vous êtes derrière eux à vous assurer que le travail est fait selon vos critères.

Apprenez à accepter les autres tels qu'ils sont. Ceux qui vous exaspèrent sont ceux qui n'ont pas à cœur de terminer le travail dans les délais prévus, qui n'accordent pas toute leur attention au travail en cours ou qui doivent constamment être rappelés à l'ordre parce qu'ils n'ont pas lu la documentation distribuée avant la rencontre.

Vous pourriez améliorer votre contribution à l'aide des conseils suivants :

- Assurez-vous que tous partagent un objectif commun avant de les pousser à l'action. Si vous ne le faites pas, vous risquez d'être déçu par les résultats réels qu'obtiendra l'équipe.

- Apprenez à faire confiance, ou si vous ne faites pas confiance aux autres, ne simulez pas la délégation. Tôt ou tard, la fausse délégation fera grandir le ressentiment et conduira au désintérêt ou au sabotage.

- Prenez du recul et tentez de percevoir la situation globale.

7.3.5 Le manuel d'équipe du ISFJ

C'est surtout sur une base individuelle que vous êtes apprécié par les membres de votre équipe. Ils aiment votre façon de les encourager et de ne pas leur imposer une tâche qu'ils n'ont pas envie de faire. Plus encore, ils savent que si vous distribuez les tâches, chacun sera chargé d'effectuer une partie du travail qu'il maîtrise bien.

Vous savez leur communiquer une vision claire des buts à atteindre et ils sont souvent prêts, en contrepartie, à vous laisser assumer le leadership.

Cependant, vos coéquipiers n'apprécient pas toujours votre sérieux et votre attitude centrée sur l'instant présent. Ils aimeraient également ne pas avoir à exercer de pression pour être mis au fait de vos opinions personnelles.

Apprenez à accepter les autres tels qu'ils sont. Ceux qui vous exaspèrent sont ceux qui blessent les autres, intentionnellement ou non, et ceux qui se font une idée avant d'avoir été mis au courant de tous les faits.

Vous pourriez améliorer votre contribution à l'aide des conseils suivants :

- Pensez un peu à l'avenir. Comment s'inscrit cette tâche dans les objectifs de l'entreprise ? Quelle est, à ce sujet, la signification globale des données disponibles ?

- N'attendez pas qu'on vous le demande pour avancer votre opinion. Cette habitude est d'autant plus regrettable que, lorsque vous vous révélez, vous faites avancer le débat et vous évitez à l'équipe de gaspiller de précieuses heures.

- Apprivoisez la notion de plaisir. Elle ne doit pas, dans votre esprit, être uniquement associée aux activités hors du travail.

7.3.6 Le manuel d'équipe du ISFP

Vous êtes particulièrement apprécié par les membres de votre équipe, car vous ne vous présentez pas aux réunions avec une idée préconçue ; vous écoutez ce que les autres ont à dire et vous travaillez, par la suite, à ériger un consensus. On aime également votre souci du détail et votre empressement à transmettre l'information qui manque aux autres.

Cependant, vos coéquipiers n'apprécient pas toujours vos manières affables, qu'ils perçoivent à l'occasion comme suspectes, et votre propension à sous-estimer vos propres compétences. Ils aimeraient également que vous cessiez de confondre les remarques critiques et les attaques personnelles en règle.

Apprenez à accepter les autres tels qu'ils sont. Ceux qui vous exaspèrent sont ceux qui parlent trop, qui fondent leur opinion sur des extrapolations non vérifiées et qui refusent de partager leur savoir dans l'espoir, selon vous, de maintenir leur emprise sur le groupe.

Vous pourriez améliorer votre contribution à l'aide des conseils suivants :

- Si vous devez diriger la rencontre, imposez-vous et ne passez plus sous silence les discussions hors propos, les remarques désobligeantes ou acides.

- Apprenez à distinguer les critiques constructives des remarques personnelles désobligeantes. Ce n'est pas parce que votre vis-à-vis n'est pas d'accord avec vous qu'il vous déteste pour autant.

- Apprenez à accepter les compliments et prenez conscience des forces que vous apportez à l'équipe. Si vous souhaitez contribuer au succès du groupe, vous devez améliorer votre estime personnelle.

7.3.7 Le manuel d'équipe du ESFP

Vous êtes particulièrement apprécié par les membres de votre équipe, car, s'ils ne savent pas quoi faire, vous avez l'énergie nécessaire pour lancer la mise en œuvre et pousser les autres à l'action. Vous le faites en valorisant les forces de chacun et, quand le climat devient plus tendu ou que la fatigue s'empare des autres, vous utilisez l'humour pour détendre l'atmosphère.

Cependant, vos coéquipiers n'apprécient pas toujours votre recours à l'humour pour éviter la résolution d'un conflit interpersonnel, car ils l'associent à une stratégie d'évitement. Ils n'aiment pas non plus que vous étudiiez les faits les uns après les autres plutôt que d'en dégager un portrait global.

Apprenez à accepter les autres tels qu'ils sont. Ceux qui vous exaspèrent sont ceux qui mettent l'accent sur les faiblesses des autres, qui recourent aux concepts théoriques pour expliquer une situation ou qui ignorent les besoins des autres équipiers.

Vous pourriez améliorer votre contribution à l'aide des conseils suivants :

- N'abusez pas de votre habileté à trouver les éléments comiques de chaque situation. Les autres peuvent penser que vous prenez les choses à la légère et votre crédibilité en souffre.

- Demandez à un type « N », avant les réunions, de vous brosser un tableau général de la problématique, telle qu'il la perçoit.

- N'ignorez pas les conflits interpersonnels. S'il s'en présente un, ne le cachez pas sous le tapis. Demandez aux belligérants de présenter leurs points de vue et aidez-les à trouver une solution.

7.3.8 Le manuel d'équipe du ESFJ

Vous êtes particulièrement apprécié par les membres de votre équipe pour votre recherche du consensus et votre approche résolument pratique des problèmes à l'étude. Vous n'imposez pas les responsabilités et vous savez obtenir l'opinion de ceux qui parlent le moins sans que ces derniers se sentent agressés. Finalement, on aime quand vous posez des questions, non pas pour contredire les autres, mais pour les aider à exprimer leurs pensées.

Cependant, vos coéquipiers n'apprécient pas toujours le côté pointilleux qui vous pousse à analyser minutieusement chaque détail ni la tendance que vous avez à vous sentir personnellement visé par les remarques des autres, aussi innocentes soient-elles.

Apprenez à accepter vos coéquipiers tels qu'ils sont. Ceux qui vous exaspèrent sont ceux qui interrompent les autres et traitent de sujets qui ne correspondent pas à la raison d'être de la réunion.

Vous pourriez améliorer votre contribution à l'aide des conseils suivants :

- Apprenez à résumer votre pensée et à ne communiquer que les faits pertinents pour le débat.

- Faites la part des choses. Certains détails sont vitaux pour le succès du projet, tandis que d'autres sont accessoires. Laissez de côté les détails accessoires et concentrez-vous sur ceux qui font le plus avancer le débat.

- Vous devez également comprendre que celui qui n'est pas d'accord avec votre proposition ne vous en veut pas personnellement. Il est tout à fait normal de remettre en question les propos de chacun ; c'est ainsi qu'un groupe trouve une solution.

7.3.9 Le manuel d'équipe du INFJ

Vous êtes particulièrement apprécié par les membres de votre équipe, car vous avez la capacité de dresser un portrait global de la situation, un portrait auquel se rallieront tous les équipiers et qui saura raffermir l'esprit d'équipe. Votre approche souvent humoristique aide à faire passer les réalités que plusieurs choisiraient de taire. Enfin, on vous apprécie parce que vous savez encourager chaque membre de l'équipe à donner le meilleur de lui-même.

Cependant, vos coéquipiers n'apprécient pas toujours votre habitude d'ignorer les détails pour vous concentrer sur l'ensemble du travail à accomplir. On n'aime pas non plus l'habitude que vous avez de laisser les autres débattre à satiété d'une idée avant de dire si vous êtes pour ou contre.

Apprenez à accepter les autres tels qu'ils sont. Ceux qui vous exaspèrent sont ceux qui haussent le ton pour imposer leur opinion ou qui, selon votre perception, s'embarrassent de simples détails au lieu de faire leur part de travail.

Vous pourriez améliorer votre contribution à l'aide des conseils suivants :

- Cessez de jouer les sages qui ne donnent leur opinion que lorsqu'on le leur demande. Participez aux discussions.
- Gardez à l'esprit que le meilleur projet du monde peut se révéler un échec si l'on ignore les contraintes reliées à son application. Remerciez donc ceux qui soulèvent des questions pratiques et aidez-les à contourner à l'avance les embûches qui ne manqueront pas de se présenter.
- Restez à l'écoute quand les autres expriment une idée. Qui sait ce que vous pourriez apprendre en tendant l'oreille ?

7.3.10 Le manuel d'équipe du INFP

Vous êtes particulièrement apprécié par les membres de votre équipe, car vous faites preuve de respect envers chacun et savez intervenir avec doigté quand le ton monte et que la tension est palpable. Capable de communiquer votre vision d'avenir, vous arrivez à motiver vos coéquipiers et à leur faire accepter des idées qui, proposées par d'autres, passeraient pour irréalistes.

Cependant, vos coéquipiers n'apprécient pas toujours cet idéalisme qui vous fait vibrer ; ils ont parfois l'impression que vous n'êtes pas dans la réalité et que vous flottez à des kilomètres d'altitude, hors de portée de leur argumentation. Ils n'apprécient pas non plus que vous vous entêtiez à protéger des personnes qui ont démontré leur incompétence.

Apprenez à accepter les autres tels qu'ils sont. Ceux qui vous exaspèrent sont ceux qui refusent d'accepter une idée sans l'évaluer, qui oublient la raison d'être de l'équipe ou qui, le nez rivé aux menus détails, oublient le portrait d'ensemble de la problématique.

Vous pourriez améliorer votre contribution à l'aide des conseils suivants :

- Apprenez à incorporer à votre argumentation des faits vérifiables et une démarche logique. Les valeurs que vous tentez de transmettre passeront mieux si elles sont intégrées à un discours qui ne paraît pas lunatique.
- Apprenez à voir les autres comme ils sont. Reconnaissez que chacun a des forces et des faiblesses. Faites preuve de réalisme et cessez de ne percevoir que les forces.
- Rappelez-vous qu'une décision, pour être optimale, doit aussi être basée sur des données factuelles.

7.3.11 Le manuel d'équipe du ENFP

Vous êtes particulièrement apprécié pour votre aptitude à repérer les compétences des autres et à leur donner des responsabilités correspondant à ces compétences. Cette force vous permet de mobiliser l'équipe parce que tous se sentent engagés, d'autant plus que vous savez écouter et que vous recherchez toujours le consensus. De plus, votre esprit créatif est toujours bienvenu quand l'équipe tourne en rond.

Cependant, vos coéquipiers n'apprécient pas toujours vos discours interminables, votre tendance à ouvrir des parenthèses que vous ne refermez pas et votre envie de lancer de nouveaux projets quand le travail en cours n'a pas encore été terminé.

Apprenez à accepter les autres tels qu'ils sont. Ceux qui vous exaspèrent sont ceux qui soutiennent qu'une chose est impossible, ceux qui ont besoin de connaître les détails avant de prendre une décision et ceux qui imposent leur point de vue sans tenir compte de l'avis des autres.

Vous pourriez améliorer votre contribution à l'aide des conseils suivants :

- Prenez la résolution de concevoir mentalement ce que vous vous apprêtez à dire avant d'ouvrir la bouche.
- Apprenez à vous fixer des priorités. Le projet que vous avez lancé le mois dernier était probablement important ; pourquoi l'abandonner aujourd'hui parce que vous avez eu une nouvelle idée ?
- Quand vous intervenez, pensez à la raison d'être de la réunion. Les anecdotes plus ou moins reliées à la préoccupation principale de vos coéquipiers devraient être conservées pour la pause-détente.

7.3.12 Le manuel d'équipe du ENFJ

Vous êtes particulièrement apprécié par les membres de votre équipe parce que, quand les autres ne savent pas par où entreprendre le travail, vous proposez une structure et un mode de fonctionnement que chacun accepte d'emblée. De plus, grâce à la fois à votre orientation vers l'avenir et à vos habiletés interpersonnelles, vous êtes capable d'imposer une vision commune et le sens du devoir à accomplir.

Cependant, vos coéquipiers n'apprécient pas toujours votre tendance à prendre la direction des débats ni votre fidélité à l'endroit de ceux qui ont à maintes reprises, par le passé, prouvé leur incompétence. On aimerait que vous teniez moins compte des gens et que vous soyez plus orienté vers la tâche.

Apprenez à accepter les autres tels qu'ils sont. Ceux qui vous exaspèrent sont ceux qui manquent de respect envers les autres et qui vous paraissent trop sérieux. Vous n'appréciez pas ceux qui feignent de ne pas voir un conflit interpersonnel, le cas échéant.

Vous pourriez améliorer votre contribution à l'aide des conseils suivants :

- Rappelez-vous, au début de chaque rencontre, pourquoi l'équipe a été créée et quelle est sa mission. Demandez à un collègue de vous le mentionner chaque fois que vous vous en éloignez.

- Apprenez à voir les autres tels qu'ils sont. Résistez à la tentation de les idéaliser. Chacun a des forces, mais tous ont également des faiblesses. Ne regardez pas un seul côté de la médaille.

- Comprenez que les autres ne pourront jamais évoluer si vous les surprotégez et les empêchez de commettre quelques erreurs. Cessez de les couver et permettez-leur de devenir autonomes.

7.3.13 Le manuel d'équipe du INTJ

Vous êtes particulièrement apprécié par les membres de votre équipe grâce à votre détermination, à votre esprit de synthèse et à votre capacité de découvrir ce qui manque à une solution pour qu'elle soit optimale. Respectueux des délais, vous êtes également celui qui s'assure que l'équipe aura terminé son travail dans les délais prévus.

Cependant, vos coéquipiers n'apprécient pas toujours votre tendance à croire que vous êtes le plus compétent pour accomplir les tâches. Cette tendance a de nombreux effets secondaires : vous refusez souvent de déléguer et, une fois le travail terminé, il vous arrive de dire que « vous avez tout fait ».

Apprenez à accepter les autres tels qu'ils sont. Ceux qui vous exaspèrent sont ceux qui retardent l'équipe en ne s'acquittant pas de leur tâche comme prévu ou ceux qui ralentissent les réunions parce qu'ils sont peu préparés ou parce qu'ils ne comprennent pas des notions qui vous paraissent élémentaires.

Vous pourriez améliorer votre contribution à l'aide des conseils suivants :

- Puisque vous doutez facilement de la compétence des autres, apprenez à déléguer à petites doses. Vous vous rendrez vite compte que les autres sont en mesure de contribuer aussi à la concrétisation du projet.

- Prenez l'habitude, à la fin d'un mandat, d'écrire sur une feuille tout ce que vous avez fait et tout ce que les autres ont également accompli. Êtes-vous vraiment le seul à avoir travaillé ?

- Apprenez à tenir compte des sentiments des autres quand, d'une seule question, vous prouvez la nullité de leur idée.

7.3.14 Le manuel d'équipe du INTP

Vous êtes particulièrement apprécié par les membres de votre groupe en raison de votre facilité à mettre de l'ordre dans les faits pour en faire ressortir la signification. On aime aussi votre capacité de présenter synthétiquement la tâche à accomplir et la perspicacité dont vous faites preuve au moment de vous attaquer à une tâche nouvelle.

Cependant, vos coéquipiers n'apprécient pas toujours, quand il faut régler un problème urgent, votre propension à tout réduire à une équation intellectuelle, votre tendance à croire que votre idée est automatiquement la meilleure ni votre œil critique devant le travail accompli par un autre.

Apprenez à accepter les autres tels qu'ils sont. Ceux qui vous exaspèrent sont ceux qui s'éloignent du sujet à l'étude, qui oublient la mission de l'organisation ou qui s'offusquent parce que vous leur avez dit, franchement et simplement, des vérités.

Vous pourriez améliorer votre contribution en suivant les conseils suivants :

- Tenez compte des sentiments des gens et rappelez-vous que toute vérité n'est pas bonne à dire.
- Jouez avec les synonymes, non pas pour améliorer votre langage, mais pour l'épurer. Quand vous défendez votre idée, utilisez des termes simples sans faire référence à des études ou à des théories qu'aucun coéquipier ne connaît.

- Évaluez les idées des autres avec le même respect que vous aimeriez que les autres utilisent pour évaluer vos propres idées. N'oubliez pas que le respect entraîne le respect.

7.3.15 Le manuel d'équipe du ENTP

Vous êtes particulièrement apprécié par les membres de votre équipe, car vous avez le don de présenter les faits sous un angle nouveau, un angle qui éclaire agréablement le débat. Quand, utilisant à la fois votre sens de l'humour et votre sérieux, vous terminez la présentation de votre opinion, vos partenaires ont davantage l'impression de savoir où ils vont.

Cependant, vos coéquipiers n'apprécient pas toujours votre recours systématique à des modèles théoriques, votre tendance à voler la vedette au moment de récolter les fruits du travail d'équipe ni votre tendance à laisser entendre que vos idées sont les meilleures.

Apprenez à accepter les autres tels qu'ils sont. Ceux qui vous exaspèrent sont ceux qui tiennent aux solutions qui ont fait leurs preuves dans le passé ou ceux qui ont tendance à traiter avec une considération égale l'essentiel et le superflu.

Vous pourriez améliorer votre contribution à l'aide des conseils suivants :

- Partagez la gloire. Vous n'y perdrez rien et vous vous assurerez le soutien de tous quand vous aurez à nouveau besoin d'eux.

- Retenez que la théorie ne peut tout expliquer. Il arrive même que la cause d'un problème soit irrationnelle. Tenez compte de cela au moment de la prochaine rencontre de l'équipe.

- Imposez-vous la tâche d'évaluer les idées des autres à leur juste valeur avant de les rejeter. De cette façon, vous vous assurerez que votre idée est réellement la meilleure et vous vous attirerez le respect de vos coéquipiers.

7.3.16 Le manuel d'équipe du ENTJ

Vous êtes particulièrement apprécié par les membres de votre équipe, car vous ne perdez pas de vue le but à atteindre et vous êtes excellent au moment de déterminer quelle solution est la meilleure parmi celles proposées. De plus, on aime votre capacité de dresser un portrait global de la situation.

Cependant, vos coéquipiers n'apprécient pas toujours votre tendance à imposer vos idées. Ils se sentent poussés dans leurs derniers retranchements quand ils ne partagent pas votre idée. Ils ne comprennent pas non plus votre empressement à terminer un travail qui ne fait que commencer.

Apprenez à accepter les autres tels qu'ils sont. Ceux qui vous exaspèrent sont ceux dont le discours s'éloigne du sujet à l'étude et qui continuent à discuter d'un point alors que vous avez déjà soumis ce qui constitue, dans votre esprit du moins, la solution optimale.

Vous pourriez améliorer votre contribution à l'aide des conseils suivants :

- Rappelez-vous qu'une décision prise trop rapidement peut mener à des surprises pendant son exécution. Avez-vous tenu compte de toutes les contraintes ?

- N'oubliez pas que le leadership est l'art de mobiliser les gens vers une tâche commune ; ce rôle ne consiste pas à les forcer à entreprendre le travail. Ne perdez pas de vue le facteur humain.

- Prenez l'habitude de faire accepter par les autres, au début de la rencontre, la raison pour laquelle vous êtes réunis. Ce sera ensuite plus facile, si certains s'éloignent du sujet, de les ramener à l'ordre sans pour autant les contrarier.

7.4 La gestion des conflits

Le travail en équipe implique la gestion des conflits. Tôt ou tard, des problèmes surviennent. Un simple désaccord, au début, s'il est mal géré, peut se dégrader et se transformer en querelle, puis en guerre ouverte.

La théorie des types psychologiques peut heureusement vous faciliter la tâche quand un désaccord survient. Nous vous proposons une série de conseils faciles à suivre.

Le type « E » doit être prudent dès qu'il suspecte un désaccord possible. Il a tendance à se justifier et, ce faisant, il empêche ses vis-à-vis de s'exprimer. De plus, en situation de conflit, il ne maîtrise pas toujours ce qu'il dit et risque de ne pas se rappeler, le lendemain, ce qui lui a échappé. Le mot d'ordre pour lui doit être d'écouter et de ne parler qu'au moment où il est certain d'avoir compris l'opinion des autres.

Le type « I » doit au contraire s'expliquer. S'il se plonge dans le silence, ses vis-à-vis se demandent quelle mouche l'a piqué et ils ressentent eux-mêmes l'amertume grandir en eux. Plutôt que de choisir le silence, il doit donc privilégier la présentation de son point de vue, quitte à le présenter plusieurs fois si les autres n'écoutent pas.

Le type « S » ne sent pas un conflit ; il en perçoit les signes visibles (langage corporel du vis-à-vis, propos déplacés, etc.). Il doit alors s'éloigner mentalement de l'objet du conflit, prendre du recul et se demander s'il ne s'agit pas de l'expression d'un conflit plus profond. Bref, il doit tenter de comprendre ce qui se passe et s'interroger sur sa relation avec l'autre avant de réduire le conflit à un simple désaccord sur le point à l'étude.

Le type « N » sent le conflit plus facilement qu'il n'en perçoit les signes externes. Il risque soit d'imaginer un conflit qui n'existe pas, soit de se l'imaginer plus important qu'il ne l'est réellement. S'il croit déceler un conflit, il doit utiliser ses sens et vérifier si le conflit existe vraiment. Si c'est confirmé, il lui faut communiquer à l'autre partie ce qu'il perçoit réellement.

Le type « T » a tendance à se distancier au moment d'un conflit et à agir comme s'il n'était pas touché personnellement. Or, ce comportement soulève l'ire du type « F » qui en déduit que son vis-à-vis est peu préoccupé par la situation. Le type « T » doit plutôt permettre à l'autre d'exprimer ce qu'il ressent, écouter ce qu'il en est et tenter de comprendre ce que vit son vis-à-vis. Au lieu de choisir l'évitement, pourquoi ne pas simplement demander « Je sens que quelque chose ne va pas et j'aimerais bien savoir ce qui se passe. Peux-tu me dire ce qu'il en est ? » et écouter la réponse en tentant de se mettre à la place de l'autre ?

Le type « F » vit intensément et brutalement les conflits. Il risque même souvent d'être blessé par des propos qui n'avaient pas ce but. S'il garde tout à l'intérieur, il nourrit le ressentiment jusqu'à ce que, rouge de colère, il explose devant son vis-à-vis. Il a avantage à ne pas accumuler les griefs et à apprendre à communiquer à l'autre comment il a perçu la remarque offensante et l'effet qu'elle a eu sur lui. Ce faisant, il rendra les autres plus conscients de leurs sentiments et amenuisera les barrières qui pourraient, avec le temps, fortement nuire au rendement de l'équipe.

Le type « J » doit, lorsqu'il prend conscience de l'existence d'un conflit, se demander si le point de vue qu'il défend si efficacement est bien fondé et il doit, pour s'en assurer, s'obliger à inviter l'autre à présenter son opinion et les arguments susceptibles de l'appuyer.

Le type « P », devant un conflit, doit annoncer clairement sa position. En cultivant l'ambiguïté, il ne favorise pas l'aboutissement du débat.

7.5 Susciter l'attention et persuader

En situation conflictuelle ou non, pour que vos arguments soient acceptés, il faut d'abord qu'on vous écoute. Vous trouverez, dans le tableau de la page suivante, quelques phrases qui sauront susciter l'attention de l'autre.

TABLEAU 7.1

Susciter l'attention

Pour attirer l'attention d'un...	Utiliser cette approche
ISTJ	Si ça vaut la peine d'être fait, ça vaut la peine d'être bien fait. Voici comment nous pourrions nous y prendre.
ISTP	Pourrais-tu m'aider à voir clair dans tout ça ?
ESTP	Qu'est-ce qu'on a à perdre ? Lançons-nous !
ESTJ	Voici comment nous allons nous y prendre.
ISFJ	Pourrais-je te faire part d'un problème personnel ?
ISFP	J'apprécie vraiment ton opinion. Passe me voir quand tu auras le temps. J'aurais besoin d'un conseil concernant...
ESFP	J'aurais vraiment besoin d'aide. Que fais-tu pour l'instant ?
ESFJ	J'aurais vraiment besoin de ton aide. Comment règles-tu généralement ce genre de problème ?
INFJ	D'après toi, que devrions-nous faire ?
INFP	J'aimerais bien, quand tu auras le temps, savoir ce que tu penses de...
ENFP	Je ne crois pas qu'on puisse trouver une solution à notre problème...
ENFJ	J'ai un problème et comme je sais que, par le passé, tu as toujours été de bon conseil...
INTJ	J'ai un problème très compliqué à résoudre et j'aurais besoin de ton opinion...
INTP	Je me demande vraiment comment je vais régler ce problème... Accepterais-tu d'y penser pour moi ?
ENTP	Il faudrait qu'on trouve une idée...
ENTJ	Il me faudrait quelqu'un pour prendre un projet en main et suggérer une solution. As-tu une idée ?

Une fois que vous avez son attention, il faut penser à le persuader. Une part importante du temps passé en équipe est utilisée pour convaincre les autres de la pertinence de votre opinion. Voici, pour vous aider, quelques conseils propres à augmenter votre pouvoir de persuasion.

- Pour convaincre un type « ST » (un administrateur), vous devrez faire la preuve que votre proposition fonctionne. Indiquez combien de temps et d'argent seront économisés après la mise en œuvre et démontrez le rapport coût-avantage. Expliquez comment les résultats seront mesurés et répondez à toutes les questions. Ne traitez pas d'avenir ou de possibilités futures ; tenez-vous-en à des applications concrètes et spécifiques.

- Pour convaincre un type « SF » (un tacticien), mettez l'accent sur les implications pratiques qu'aura le changement suggéré auprès des personnes touchées. Faites la preuve que tous bénéficieront du changement et utilisez, pour ce faire, les témoignages de gens qui ont déjà eu recours à cette solution. Assurez également votre vis-à-vis que les résultats seront immédiats et ne vous contentez pas de laisser deviner les avantages : dressez-en la liste et présentez-les un à la suite de l'autre. Enfin, démontrez du respect tout au long de votre présentation et ne tentez pas d'imposer votre idée.

- Pour convaincre un type « NF » (un idéaliste), démontrez comment votre projet est susceptible d'améliorer les relations entre toutes les personnes touchées. Prouvez que le projet aidera les gens à s'améliorer et à devenir meilleurs. Évitez les objections en avançant que les ressources humaines ont le potentiel nécessaire pour entreprendre un tel projet et que tous vont aimer l'idée. Enfin, traitez des perspectives d'avenir qui pourraient découler du projet et insistez sur le fait que la transition sera agréable et sans accroc.

- Pour convaincre un « NT » (un stratège), présentez la base de recherche qui vous a mené à cette solution et les théories sur lesquelles elle s'appuie. Démontrez en quoi les résultats attendus de votre proposition aideront l'entreprise à atteindre ses objectifs et permettra l'accroissement des compétences de chaque personne engagée dans le projet. Enfin, traitez des possibilités futures et assurez-vous de pouvoir démontrer où vous avez pris vos statistiques et où vous avez puisé les données présentées.

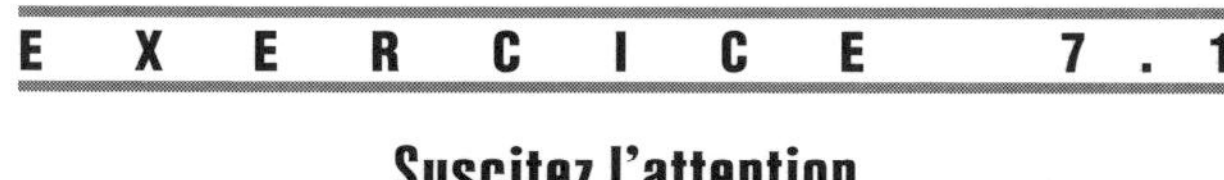

Suscitez l'attention

Retournez au tableau précédent et tentez de déterminer, pour chacun des 16 énoncés, pourquoi il sera efficace pour attirer l'attention d'un type particulier d'individu. Pour exécuter cet exercice, utilisez le contenu des chapitres précédents.

Chapitre 8

LES APPLICATIONS AU SEIN DE L'ENTREPRISE

8.1 Une mise en situation

La décision

Gaston s'est toujours fait un point d'honneur de consulter ses collègues avant de prendre une décision. À cette occasion, il annonçait une réunion ne comportant qu'un seul point à l'ordre du jour. De cette façon, le temps n'était pas gaspillé.

Une fois le groupe réuni, il présentait la situation et offrait à tous ce qu'il considérait comme la solution optimale. Il est certes déjà arrivé que certains ne l'appuient pas d'emblée, mais c'était très rare.

Il ne lui restait plus, une fois sa solution entérinée, qu'à mandater un employé pour la mettre en œuvre. De cette façon, en grande partie à cause de la participation de tous pendant la prise de décision, chacun se sentait responsable de l'application de la solution.

Mais, curieusement, depuis un certain temps, le rendement de l'entreprise diminue beaucoup. Gaston a annoncé une réunion pour trouver une solution à la diminution constante des parts de marché. Il a demandé des suggestions, mais aucune n'est venue. Il semble que chacun ait attendu la solution de Gaston et se soit apprêté à l'accepter sans l'évaluer au préalable.

Comment en est-il arrivé là ? Du coup, Gaston se dit qu'il n'est pas facile de travailler avec des zombis.

8.2 Le modèle de décision optimal

Gaston a de graves problèmes. Il semble que ceux sur qui il compte pour prendre une décision éclairée aient peu à peu, au fil des ans, perdu leur capacité de prendre des décisions. Il est probable qu'il soit lui-même le responsable de ce handicap. Que feriez-vous à sa place ?

Gérer une entreprise consiste en grande partie à prendre des décisions. Que ces décisions portent sur la gestion des ressources financières, des ressources humaines ou des ressources matérielles, elles ont un effet sur la pérennité de l'organisation et sur son rendement global. Il est donc important de se poser des questions et de définir quelle est la meilleure façon de décider. La figure suivante vous présente ce qui est considéré comme le modèle optimal en ce qui concerne les décisions dans l'entreprise. Nous verrons plus loin la contribution de ce modèle à la théorie des types psychologiques.

FIGURE 8.1

Le modèle de décision optimal dans l'entreprise

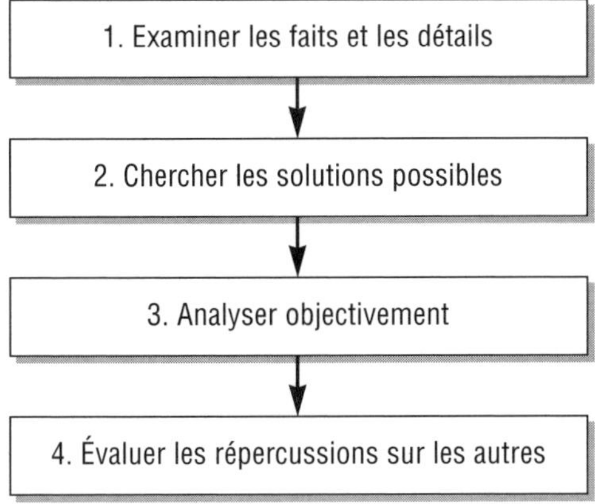

Les quatre étapes qui mènent à des décisions efficaces au sein d'une entreprise sont les suivantes :

1. Clarifier le problème à l'étude en accumulant les faits et en scrutant les détails.

Il convient, pour ce faire, d'avoir les deux pieds sur terre et de rester réaliste. On franchit cette étape en se posant les questions suivantes : Quels sont les faits ? Comme peut-on en prendre la mesure ? A-t-on établi la liste de tous les détails pertinents ? Est-on suffisamment clair dans la description de la situation ?

2. Activer son imagination pour chercher des solutions possibles.

On tente de faire émerger un portrait global de la liste des détails glanés à la première étape. À la fin de celle-ci, on obtient une liste d'options propres à répondre au problème.

3. Analyser objectivement chacune des options retenues à l'étape précédente pour en faire ressortir les forces et les lacunes.

Pour ce faire, il convient, pour chaque option, de dresser la liste des gestes qu'elle comportera si elle est retenue, puis de prévoir quels résultats elle pourra apporter. La logique est importante. À la fin de cette étape, une des options sera jugée optimale.

4. Évaluer les répercussions qu'aura la solution retenue sur les membres de l'organisation (employés et clients). La solution qui a été trouvée de façon logique à l'étape précédente doit subir le test de l'empathie. Qui la décision, si elle est mise en œuvre, affectera-t-elle ? À quelle réaction peut-on s'attendre des gens ? Peut-on vivre avec les conséquences prévisibles de cette option ?

À la fin de cette étape, on sait si l'option retenue doit être mise en œuvre ou rejetée. Dans le deuxième cas, on reprend le processus. Dans le premier, on se lance avec confiance, puisque la solution répond réellement au problème à l'étude et qu'elle n'aura pas d'effets négatifs en ce qui concerne la motivation et la mobilisation des collaborateurs engagés dans le projet.

Voyons maintenant comment déterminer le type psychologique de votre entreprise en fonction des décideurs.

8.2.1 Le type psychologique d'une entreprise

Le type psychologique d'une organisation représente l'addition des préférences des membres qui participent au processus décisionnel.

Supposons, par exemple, que dans une entreprise, les quatre personnes actives sur le plan décisionnel sont un ISFP, deux ESFJ et une ISFJ. En incorporant au tableau des types psychologiques des valeurs numériques représentant la fréquence de chaque type, nous obtiendrions le tableau suivant.

TABLEAU 8.1

La fréquence de chaque type psychologique dans l'entreprise

	ISFJ (1)		
	ISFP (1)		
	ESFJ (2)		

Voici trois hypothèses que l'on peut déduire de ce tableau :

- La direction de cette entreprise prend surtout ses décisions en fonction de l'instant présent. En effet, tous les membres de la direction sont de type « S ».
- La direction de cette entreprise éprouve de la difficulté à voir le portrait global d'une situation. Personne ne présente une préférence pour l'intuition (N) au moment de percevoir le monde.
- Dans cette entreprise, les membres de la direction souhaitent par-dessus tout éviter les conflits (ce sont tous des « F ») et prennent vraisemblablement leurs décisions en ce sens. Conséquemment, il ont tendance à négliger la troisième étape du processus de décision (l'analyse objective de la situation) pour passer immédiatement à la quatrième étape.

Bref, à la lumière de ce tableau, nous pouvons supposer qu'il s'agit d'une direction SF, ce qui correspond au tempérament de l'administrateur. L'équipe décisionnelle partage donc probablement les forces et les faiblesses de tous les SF.

Vous pensez peut-être qu'une telle situation est rare, mais il n'en est rien. Souvent, les patrons ont tendance à embaucher des personnes qui leur ressemblent et, peu à peu, les membres de la direction finissent par avoir le même type.

Qu'en est-il dans votre entreprise ? Faire un tableau de la fréquence de chaque type dans votre organisation est simple si vous connaissez les types psychologiques de chacun.

Si vous ignorez quels sont les types de chacun, vous pouvez suggérer à l'administration de se servir de l'Indicateur MBTI pour toutes les personnes engagées dans le processus décisionnel. Cependant, avant d'avoir recours à un spécialiste pour faire passer le test, lisez les mises en garde que vous trouverez à la fin de ce chapitre.

Tentez donc pour le moment d'évaluer, du moins sommairement, le type psychologique de votre organisation.

8.2.2 Le tempérament et la décision

Voyons maintenant comment s'effectue la prise de décision dans une entreprise selon que le personnel de direction est majoritairement ST, SF, NT ou NF. Nous traiterons plus loin des aspects E–I et J–P.

- Dans les entreprises où l'on trouve majoritairement des décideurs de type ST (administrateur), on a tendance à privilégier les première et troisième étapes du processus de prise de décision. L'équipe se révèle à l'aise pour accumuler les faits, mais elle a tendance à ignorer les répercussions de la solution retenue sur les gens au seul profit des objectifs de l'entreprise. Cette équipe connaît souvent des situations de crise parce qu'elle règle les problèmes à la pièce et que les décisions provoquent souvent des réactions inattendues chez les personnes touchées.

- Dans les entreprises où l'on trouve majoritairement des décideurs de type SF (tacticien), on a tendance à privilégier les première et quatrième étapes du processus de la prise de décision. L'équipe se révèle à l'aise pour accumuler les faits, mais elle a tendance à choisir la première solution qui se présente, pour autant que les effets sur les autres membres de l'entreprise lui semblent positifs. Son horizon temporel étant très rapproché, ce genre d'équipe se retrouve souvent devant des situations urgentes et doit s'occuper à « éteindre des incendies ».

- Dans les équipes décisionnelles majoritairement constituée de types NT (des stratèges), on a tendance, sur la base de quelques bribes d'information, à sauter rapidement aux conclusions et à choisir une solution en fonction de sa logique apparente. Très souvent, cette équipe se rend compte, beaucoup plus tard, qu'elle a trouvé la bonne solution aux mauvais problèmes et qu'elle a, entre-temps, provoqué la méfiance et l'antipathie chez ceux qui ont dû subir les effets d'une décision qui doit être revue « à la lumière de la nouvelle situation ».

- Dans les équipes décisionnelles majoritairement constituée de types NF (les idéalistes), on a tendance, sur la base de quelques bribes d'information, à sauter rapidement aux conclusions et à choisir la solution qui sera le plus facilement acceptée par les gens touchés. Très souvent, cette équipe se rend compte, beaucoup plus tard, qu'elle a trouvé la bonne solution aux mauvais problèmes et qu'elle a, entre-temps, sacrifié la rentabilité et le centre de gravité de l'entreprise pour « l'harmonie à tout prix ».

8.2.3 Quelques conseils

Comment faire en sorte que la prise de décision s'améliore dans votre entreprise ? Nous vous proposons quelques conseils qui vous aideront à y arriver. Retenez que ces conseils seront plus efficaces si vous partagez votre connaissance des types psychologiques avec les autres décideurs.

- ***Cessez, durant les périodes d'embauche, de vous entourer de personnes qui vous ressemblent en tous points.***

Vous devriez maintenant apprécier les différences entre les êtres humains et savoir que les meilleures décisions naissent souvent de la confrontation des idées. En vous entourant de gens qui sont des copies conformes de ce que vous êtes, vous éloignez les conflits, mais vous vous empêchez de bénéficier des quatre étapes du modèle de décision optimal.

- ***Mettez fin à l'exclusion.***

S'il y a des gens dans votre organisation qui sont ostracisés parce qu'ils ne pensent pas ou ne décident pas de la même façon que la majorité, apprenez aux autres à apprécier l'apport particulier qu'ils offrent et faites-leur prendre conscience du fait qu'en tenant des gens à l'écart, ils empêchent l'entreprise de progresser.

- ***Tenez compte des types psychologiques quand vous avez un projet à déléguer.***

Essayez de placer à la tête du projet une personne dont les préférences naturelles constituent un atout, mais adjoignez-lui une personne qui a comme mandat de jouer l'avocat du diable et de remettre en question ses décisions. Il est bien entendu que, en raison de la composition d'une telle équipe, vous devrez parfois arbitrer des conflits, mais la qualité finale du travail sera améliorée.

• ***Adaptez votre langage.***

Rappelez-vous les conseils proposés au chapitre précédent pour persuader ceux qui vous entourent. Si vous êtes de type « T », il est fort possible que vous blessiez involontairement un type « F » en présentant des arguments qui vous viennent spontanément à l'esprit.

• ***Allez chercher toutes les opinions.***

Bien que les introvertis du groupe ne parlent pas, ils ont une opinion. Si leur silence se prolonge, n'hésitez pas à leur demander ce qu'ils pensent de la discussion, puis demandez à tous les types « E » de se taire. Après quelques instants, les personnes interpellées vous présenteront leur façon de voir le débat.

Une entreprise ne peut survivre si son équipe de direction prend des décisions à la lumière de ses particularités et de ses lacunes personnelles. Décidez dès aujourd'hui que, dorénavant, vous prendrez vos décisions sans négliger l'une ou l'autre des quatre étapes que nous vous avons présentées.

8.3 Une mise en garde

La théorie des types psychologiques peut également trouver d'autres applications dans une entreprise. Il convient toutefois de rappeler certaines mises en garde qui vous éviteront de mal l'utiliser.

L'Indicateur MBTI ne devrait pas être utilisé comme test d'embauche. Si le candidat à un emploi apprend qu'il devra subir le test de l'Indicateur pour obtenir le poste, il répondra de façon à l'obtenir, mais ses réponses ne seront pas le vrai reflet de ses préférences personnelles. Vous obtiendrez ce qu'il perçoit comme étant vos attentes.

Pour la même raison, un employé ne devrait jamais être contraint de subir le test de l'Indicateur MBTI s'il n'en a pas le désir. De plus, les résultats ne devraient jamais être communiqués, en premier lieu, au supérieur hiérarchique. Les résultats sont censés appartenir à la personne qui a subi le test, et elle seule peut décider de les partager ou de les garder secrets.

Tous les professionnels du MBTI refuseront de remettre les résultats à un supérieur. Ils exigeront de les donner directement aux individus, après leur avoir expliqué la théorie et avoir confirmé qu'ils sont à la disposition de qui souhaite parler de ses résultats.

8.4 Les possibilités pour l'avenir

La théorie des types psychologiques peut-elle vous aider à améliorer la position stratégique de votre entreprise dans l'avenir ?

D'entrée de jeu, nous pouvons instinctivement répondre oui. En effet, si les tâches dans votre entreprise sont distribuées en fonction des forces de chacun, que tous les membres de l'organisation entretiennent de meilleurs rapports, qu'ils ont appris à se connaître et qu'ils peuvent régler les problèmes de façon plus efficace, l'augmentation de la productivité qui en résultera devrait aider l'entreprise à être plus rentable et plus efficace.

Est-il possible d'aller plus loin ?

Nous pouvons supposer que vos relations commerciales s'amélioreraient si vous les analysiez sous l'angle de la théorie des types psychologiques. Voici à ce sujet quelques pistes de recherche :

- Vos vendeurs ont-ils deux jeux de présentation de vente ? Vous savez maintenant que certains clients ont besoin de connaître tous les détails avant de prendre une décision, tandis que d'autres préfèrent entendre parler d'innovation, de tendance ou de possibilités d'amélioration. Il serait opportun d'élaborer deux présentations, afin que vos vendeurs puissent adapter ce qu'ils disent à la préférence qu'ils auront détectée chez leur client.

- Avez-vous, à ce jour, songé à dresser un portrait-robot de vos clients afin de connaître leurs préférences ? Tous ne partageront pas le même type, mais il est probable que des tendances s'en dégageront.

- Votre publicité est-elle plus efficace quand elle s'adresse à des types « S » ou à des types « N » ? Pourquoi ne pas créer deux publicités et les tester afin de déterminer laquelle est la plus efficace ? La première, informative, pourrait être basée sur les caractéristiques de votre produit ou de votre service, tandis que la seconde traiterait des avantages et des bénéfices que peuvent retirer à long terme ceux qui traitent avec vous.

- Vos dépliants publicitaires s'adressent-ils à des types « T » ou à des types « F » ? Testez trois versions du dépliant : la première offrira au lecteur des arguments logiques vantant votre offre commerciale ; la deuxième insistera sur les valeurs et sur les sentiments qui animent votre public cible ; la dernière offrira un mélange des deux types d'arguments. Après ce test, vous saurez quel outil de communication est le plus efficace.

EXERCICE 8.1

Les types dominants dans votre équipe de direction

1. Remplissez le tableau suivant en indiquant les noms des personnes appelées à prendre des décisions dans votre entreprise et le type psychologique que vous leur attribuez ou qui a été déterminé par un spécialiste du MBTI. Si vous manquez d'espace, utilisez des photocopies.

Nom	Type

2. Reportez dans le tableau qui suit les fréquences pour chaque type. Ainsi, s'il y a trois ISTJ répertoriés dans le tableau précédent, inscrivez le chiffre « 3 » entre les parenthèses.

ISTJ ( )	**ISFJ ( )**	**INFJ ( )**	**INTJ ( )**
ISTP ( )	**ISFP ( )**	**INFP ( )**	**INTP ( )**
ESTP ( )	**ESFP ( )**	**ENFP ( )**	**ENTP ( )**
ESTJ ( )	**ESFJ ( )**	**ENFJ ( )**	**ENTJ ( )**

3. Que remarquez-vous en examinant le tableau de fréquence que vous venez de remplir ? Quelles hypothèses un observateur externe pourrait-il émettre ?

4. Des événements récents peuvent-ils confirmer ou infirmer ces hypothèses ?

5. Que pourriez-vous faire pour améliorer la qualité du processus de décision dans votre entreprise ?

Chapitre 9

LE JEU DES TYPES

Il existe une grande différence entre gérer du personnel et faire preuve de leadership. Dans le premier cas, on utilise son statut dans l'organisation et son pouvoir de récompenser ou de punir de sorte que les employés fassent ce qu'on souhaite. Dans le deuxième cas, plutôt que de se concentrer sur le travail à accomplir, on dirige ses efforts vers les personnes qui seront appelées à accomplir ce travail.

Le leadership consiste en l'art d'insuffler aux personnes le désir de s'investir physiquement, émotionnellement et même affectivement dans la réalisation d'un objectif commun. Alors que le gestionnaire peut compter sur l'obéissance des troupes, le leader mise sur leur confiance, leur capacité à prendre des risques, leur engagement et leur loyauté.

D'autres différences sont à souligner : le gestionnaire est généralement le supérieur des personnes qu'il commande, tandis que le leader peut se trouver à n'importe quel échelon de la chaîne hiérarchique de commandement sans que son pouvoir d'influence en soit modifié. Les gens suivent le leader en raison de sa personnalité ; ils ne se préoccupent pas de sa position dans l'organigramme.

Le leader se distingue du simple gestionnaire par sa compréhension de l'être humain, par son aptitude à communiquer sa vision d'un avenir réaliste ou prometteur ainsi que par sa capacité à s'adapter aux particularités de son interlocuteur.

Nous avons traité jusqu'à maintenant d'un ensemble de notions. L'activité suivante vous permettra de mieux les assimiler et d'accroître ainsi votre leadership.

Vous aurez besoin, pour le jeu que nous vous présentons maintenant, d'un ou de plusieurs partenaires. Si vous jouez à deux, vous pourrez interpréter le rôle du joueur A ou du joueur B à tour de rôle. Si vous êtes trois, l'un d'entre vous jouera les observateurs et donnera ses commentaires à l'étape de l'après-match. Si le rôle du joueur B vous échoit, il est préférable, mais non obligatoire, que vos partenaires aient lu ce livre avant de jouer.

Avant de commencer la partie, faites une photocopie du tableau suivant et découpez les 16 cases qu'il comporte ; déposez ensuite chaque pièce dans un sac.

ISTJ	ISFJ	INFJ	INTJ
ISTP	ISFP	INFP	INTP
ESTP	ESFP	ENFP	ENTP
ESTJ	ESFJ	ENFJ	ENTJ

9.1 Le choix du sujet

D'abord, tirez à pile ou face quel sera votre rôle : celui du joueur A ou celui du joueur B. Ensuite, choisissez au hasard l'un des 15 sujets épineux suivants ; celui-ci deviendra le point central de la partie, et il doit être connu de tous les joueurs.

Sujet épineux : Le congé de paternité

Joueur A : Je crois que les entreprises devraient être obligées d'offrir des congés de paternité.

Joueur B : Je doute que les congés de paternité soient une option judicieuse du point de vue économique.

Sujet épineux : L'horaire flexible

Joueur A : Les employés devraient pouvoir bénéficier d'un horaire flexible et se présenter au travail au moment où leur énergie est au maximum.

Joueur B : La structure actuelle des entreprises ne permet pas que tout le monde organise son horaire à sa convenance.

Sujet épineux : La tenue vestimentaire au bureau

Joueur A : Les gens devraient pouvoir s'habiller comme ils le souhaitent pour travailler. De cette manière, ils seraient plus productifs.

Joueur B : L'habillement peut avoir un effet sur l'image et le comportement professionnel des gens. Pour cette raison, le respect d'un code vestimentaire est nécessaire.

Sujet épineux : La formation

Joueur A : Les entreprises devraient offrir plus de formation à leurs employés, qui pourraient ainsi développer leurs compétences.

Joueur B : Si les gens ne prennent pas la responsabilité de leur développement personnel, il ne sert à rien de tenter de les former.

Sujet épineux : Le travail d'équipe

Joueur A : Il faudrait que le travail se fasse davantage en équipe. De cette manière, nous pourrions bénéficier des forces de chacun.

Joueur B : Le travail d'équipe sert de paravent à ceux qui ont tendance à se traîner les pieds. On doit privilégier le travail individuel évalué objectivement.

Sujet épineux : Le choix des clients

Joueur A : Notre entreprise devrait refuser de vendre à des entreprises reconnues pour exploiter les enfants dans les pays en voie de développement.

Joueur B : Un client est un client. Son comportement ne nous regarde pas.

Sujet épineux : L'évaluation des employés

Joueur A : Les employés devraient être évalués en fonction de leurs efforts et de leur engagement.

Joueur B : Les employés devraient être évalués en fonction des résultats de leur activité professionnelle et de leur loyauté.

Sujet épineux : Les rationalisations

Joueur A : Les gestionnaires devraient se préoccuper un peu moins de l'enrichissement des actionnaires et un peu plus du bien-être du personnel. Les mises à pied sont faites sans égard aux conséquences à long terme.

Joueur B : Les gestionnaires ne sont pas embauchés pour faire plaisir aux employés. Ils ont des objectifs à atteindre et le plus important est relié au rendement de l'organisation.

Sujet épineux : La rémunération

Joueur A : Il n'est pas normal que les présidents d'entreprise gagnent un salaire 30 fois plus élevé que celui de la moyenne des employés.

Joueur B : Le salaire doit correspondre aux responsabilités du poste. En ce sens, le fait que la haute direction bénéficie de salaires aussi élevés est tout à fait justifié.

Sujet épineux : Le harcèlement psychologique

Joueur A : La direction devrait annoncer une politique claire en matière de harcèlement psychologique sur les lieux de travail. Trop de gens sont victimes de ces comportements.

Joueur B : Une telle politique donnerait trop de pouvoir aux gens exagérément sensibles qui s'énervent à la moindre peccadille. C'est le bon sens qui doit primer, pas une politique officielle.

Sujet épineux : La campagne de Centraide

Joueur A : J'aimerais que tu participes à la campagne de financement de Centraide.

Joueur B : Je ne crois pas en ce genre d'organismes. C'est au gouvernement à les subventionner.

Sujet épineux : L'échange d'un article au magasin

Joueur A : J'aimerais échanger cet article acheté il y a trois jours.

Joueur B : Je n'aime pas vraiment reprendre les articles vendus.

Sujet épineux : La consommation de drogue

Joueur A : Il faut absolument que la consommation de marijuana soit légalisée au Québec.

Joueur B : Je souhaite plutôt une augmentation de la répression dans ce domaine.

Sujet épineux : L'adoption du dollar américain

Joueur A : Je pense que tout le monde y gagnerait si le dollar américain était adopté comme devise nationale.

Joueur B : Je suis loin d'en être certain.

Sujet épineux : La force d'Internet

Joueur A : L'avenir dans tous les domaines passe par Internet.

Joueur B : Internet n'est qu'une mode passagère.

L'un d'entre vous peut également proposer un sujet qui le préoccupe au travail ou à la maison. Cette option peut, par exemple, se révéler très intéressante dans le cas où vous prévoyez un affrontement avec une personne et que vous souhaitiez faire une « répétition générale » de l'événement.

Après avoir choisi le sujet, les joueurs devraient, durant une période de 10 à 15 minutes, étudier leur manuel de jeu, préparer leur argumentation et trouver des exemples. Si l'un des joueurs exprime un malaise quant au thème abordé, il vaut mieux en choisir un autre.

9.2 Le manuel du joueur A

Ne lisez cette partie que si vous êtes le joueur A. Passez à la section 9.3 si vous êtes le joueur B. Vous lirez cette section à l'occasion d'une autre joute, lorsque le rôle du joueur A vous aura été attribué.

Choisissez au hasard l'un des morceaux de papier contenus dans le sac. Pendant la joute, vous devrez adopter le type psychologique qui est inscrit sur le papier. Nous vous proposons d'étudier immédiatement les sections suivantes.

Rappelez-vous que votre objectif n'est pas de faire triompher votre point de vue, mais de jouer votre rôle adéquatement. Il n'y aura ni gagnant ni perdant à la suite de ce jeu.

9.2.1 Si vous devez être un E

La lettre E signifie Extraverti. Cela suppose que, tout au long de la partie, et plus particulièrement au moment de la prise de contact, votre intérêt se porte vers votre environnement et que vous avez besoin d'être actif. Vous adopterez les comportements présentés dans l'encadré suivant.

- Vous répondrez rapidement à toutes les questions posées.
- Votre enthousiasme sera élevé.
- Vos gestes seront plus amples que ceux de la moyenne des gens.
- Vous favoriserez le remue-méninges pour trouver une résolution à la discussion.
- Vous ne serez pas offusqué si le joueur B vous interrompt.
- Vous parlerez plus fort que la moyenne.
- Vous donnerez à l'occasion l'impression de réfléchir à voix haute.
- Vous entrerez aisément dans l'espace personnel du joueur B.
- Si vous avez des documents, vous les étendrez sur la surface de travail au lieu de les mettre en pile.

9.2.2 Si vous devez être un I

La lettre I signifie Introverti. Cela suppose que, tout au long de la partie, et plus particulièrement au moment de la prise de contact, vous tenterez de protéger votre « bulle ». De plus, chacune de vos phrases sera le résultat d'une bonne réflexion. Vous adopterez les comportements présentés dans l'encadré suivant.

- Vous ferez une pause avant de répondre aux questions.
- Vous réfléchirez en silence.
- Vous parlerez plus doucement que la moyenne des gens.
- Vous utiliserez des phrases courtes.
- Vos gestes seront plus réservés que ceux de la moyenne des gens.
- Vous favoriserez la réflexion afin de trouver des solutions.
- Vous tenterez de protéger votre espace personnel.
- Vous n'interromprez pas votre vis-à-vis sauf s'il s'égare ou s'il change de sujet.
- Si la discussion ne mène nulle part, vous suggérerez que chacun réfléchisse de son côté et qu'une autre rencontre ait lieu plus tard.

9.2.3 Si vous devez être un S

Si le type psychologique que vous avez choisi présente un S, pendant toute la joute, vous percevrez le monde par les sens, sans nécessairement l'interpréter. Vous serez surtout intéressé par le présent et par les détails qui composent la problématique principale de votre discussion. Plus précisément, vous adopterez les comportements présentés dans l'encadré suivant.

- Vous tenterez d'en connaître le plus possible sur l'argumentaire du joueur B.
- Vous tenterez de connaître les applications pratiques des idées avancées par l'autre.
- Votre intérêt diminuera quand le joueur B parlera de grands principes ou qu'il vous présentera des concepts.
- Vous exigerez des descriptions plus précises si celles du joueur B sont générales.
- Votre intérêt grandira quand le joueur B parlera d'actions possibles.
- Vous prendrez des notes ou vous tenterez du moins de résumer les propos de B.
- Vous vous opposerez à un changement trop abrupt et proposerez plutôt un changement par étapes.
- Vous demanderez à quelques reprises au joueur B de prouver les faits qu'il avance.

9.2.4 Si vous devez être un N

Si le type psychologique que vous avez choisi présente un N, pendant toute la joute, vous serez davantage intéressé par ce qui pourrait être plutôt que par la réalité. Vous tenterez de dresser un portrait général de la problématique en devinant ce que veut dire votre vis-à-vis sans ressentir le besoin de lui faire confirmer vos hypothèses. Plus précisément, vous adopterez les comportements présentés dans l'encadré suivant.

- Vous vous efforcerez de deviner le plus rapidement possible ce que souhaite communiquer votre vis-à-vis.
- Vous tenterez de connaître les implications à long terme de sa proposition.
- Vous parlerez en termes généraux.
- Vos questions porteront davantage sur la raison d'être des arguments plutôt que sur leur application.
- Votre intérêt diminuera quand le joueur B parlera d'applications immédiates.
- Votre intérêt diminuera quand le joueur B se lancera dans des explications détaillées.
- Votre intérêt grandira s'il est question d'innovation.
- Vous utiliserez à quelques reprises des métaphores pour illustrer vos propos.

9.2.5 Si vous devez être un T

La lettre T, rappelons-le, représente le terme *Thinking*, c'est-à-dire un processus décisionnel logique et rationnel. Cela suppose que, tout au long de la partie, mais surtout une fois que vous aurez tous deux présenté votre opinion personnelle, vous conserverez votre calme et que vous vous ferez un honneur de garder les pieds sur terre. En fait, tout au long de cette rencontre, vous adopterez les comportements présentés dans l'encadré suivant.

- Vous poserez des questions en jouant l'avocat du diable, et en tentant de prendre le joueur B en défaut.
- Vous pèserez le pour et le contre quand vous devrez prendre une décision. Vous irez même jusqu'à prendre une feuille de papier afin d'inscrire, en deux colonnes, les avantages de chaque point de vue.
- Si le joueur B tente de vous convaincre de ses idées en mentionnant que beaucoup de personnes partagent son point de vue, vous répondrez que vous avez droit à vos propres opinions.
- Vous paraîtrez détaché même si vous êtes en désaccord.
- Si la situation s'y prête, vous suggérerez une analyse logique des faits.
- Quand vous défendrez votre point de vue, vous demanderez à l'autre joueur de confirmer qu'il a bien compris ce que vous dites.
- Si le joueur B s'énerve, vous suggérerez une pause afin qu'il puisse reprendre ses esprits.
- Vous tenterez de définir les objectifs qui se cachent sous le sujet de discussion.

9.2.6 Si vous devez être un F

La lettre F, rappelons-le, représente le terme *Feeling*, c'est-à-dire un processus décisionnel reposant sur les valeurs et les sentiments. Elle suppose que, tout au long de la partie, mais surtout une fois que vous aurez tous deux présenté votre opinion personnelle, vous viserez l'harmonie et dirigerez votre attention vers les implications à long terme d'une décision sur les autres personnes concernées. Vous adopterez les comportements présentés dans l'encadré suivant.

- Vous vous efforcerez de ne pas indisposer le joueur B.
- Vous mentionnerez les valeurs à la base de votre point de vue.
- Vous demanderez comment d'autres personnes ont résolu ce genre de problèmes dans le passé.
- Vous vous assurerez que personne ne sera brimé par la décision.
- Vous insisterez sur le fait que vous vous jugez capable d'en arriver à une solution.
- Vous évaluerez les décisions en vous demandant si elles heurtent vos valeurs.
- Si la situation s'y prête, vous rappellerez au joueur B qu'une solution optimale doit tenir compte des gens.
- Vous expliquerez votre déception si vous êtes encore en désaccord après une dizaine de minutes de discussion.
- Vous mettrez en valeur les qualités du joueur B et mentionnerez que, selon vous, il n'est pas du genre à ignorer les problèmes vécus par les autres.

9.2.7 Si vous devez être un J

Si le type psychologique que vous avez choisi présente un J, pendant toute la joute, mais particulièrement après une douzaine de minutes, vous ressentirez le besoin de prendre le contrôle de la rencontre et d'imposer une procédure qui permettra d'en arriver rapidement à une entente. Plus précisément, vous adopterez les comportements présentés dans l'encadré suivant.

- Si une entente n'intervient pas rapidement, vous donnerez l'impression de ne pas apprécier la rencontre.
- Vous tenterez de prendre le contrôle de la discussion.
- Vous exigerez que votre entente finale entre dans les détails.
- Si votre vis-à-vis hésite, vous tenterez de lui imposer votre point de vue.
- Vous insisterez sur le fait qu'il est important de prendre une décision le plus rapidement possible.

9.2.8 Si vous devez être un P

Si le type psychologique que vous avez choisi présente un P, pendant toute la joute, mais surtout après une douzaine de minutes, vous ferez remarquer au joueur B que vous progressez dans la discussion et que vous êtes sur la bonne voie. Plus précisément, vous adopterez les comportements présentés dans l'encadré suivant.

- Tant que la discussion ira bon train, vous semblerez apprécier la rencontre.
- Vous ne serez pas pressé de conclure la rencontre tant qu'elle vous permettra d'explorer de nouveaux aspects de la problématique.
- Selon vous, l'entente finale n'aura pas à entrer dans les détails. Une idée globale suffira.
- Vous vous fermerez si vous sentez que l'autre joueur tente de vous imposer son opinion.
- Si on vous propose trop rapidement une conclusion, vous hésiterez en mentionnant qu'une décision sera peut-être prématurée à ce stade de la discussion. Après tout, vous n'avez pas tous les détails en main.

Il est évident que, selon le thème choisi, les suggestions qui précèdent ne seront pas toujours applicables. Retenez toutefois l'esprit du personnage que vous devez jouer et lancez-vous dans la joute !

9.3 Le manuel du joueur B

Ne lisez cette partie que si vous êtes le joueur B. Retournez à la section 9.2 ou passez à la section suivante si vous êtes le joueur A.

Rappelez-vous que votre objectif n'est pas de faire triompher votre point de vue, mais plutôt de vous adapter à l'autre joueur afin de mieux faire valoir votre point de vue. Il n'y aura ni gagnant ni perdant à la suite de ce jeu.

9.3.1 Si vous faites face à un E

Si vous vous rendez compte, pendant la joute, que vous faites face à un Extraverti, vos mots d'ordre seront « dialogue », « interaction » et « plaisir ». Si vous êtes un E, contentez-vous d'être vous-même mais, si vous êtes un I, adoptez les comportements suivants ; votre interlocuteur vous appréciera davantage.

- Participez à la conversation en démontrant de l'intérêt.
- Parlez plus rapidement que vous ne le faites d'ordinaire.
- Réagissez aux propos de l'autre plutôt que de simplement les évaluer intérieurement.
- Apprenez à sourire quand il s'égare, mais assurez-vous de le ramener au sujet du jour.
- N'attendez pas trop longtemps avant de lui répondre. Au besoin, puisque vous préférez peut-être réfléchir, utilisez des phrases qui vous feront gagner du temps, par exemple : « C'est un point de vue… » ou « Je vois où tu veux en venir ».
- Ouvrez les bras, souriez et penchez-vous légèrement vers lui. Ne donnez pas l'impression que vous vous refermez.
- Ne parlez pas trop longtemps quand vous avez la parole. Il a hâte de la reprendre !

Si vous vous comportez autrement, vous lui tomberez sur les nerfs et l'Extraverti préférera mettre un terme à la discussion plutôt de la continuer jusqu'à son aboutissement.

9.3.2 Si vous faites face à un I

Si vous vous rendez compte, pendant la joute, que vous faites face à un Introverti, vos mots d'ordre seront « respect des différences » et « réflexion ». Si vous êtes un I, contentez-vous d'être vous-même mais, si vous êtes un E, adoptez les comportements suivants ; votre interlocuteur vous appréciera davantage.

- Parlez plus lentement et moins fort que vous ne le faites ordinairement.
- Respectez le territoire de l'autre. Ne vous approchez pas trop près de lui et ne faites pas de grands gestes dans sa direction.
- Respectez son silence quand vous avez fini de parler. Il ramasse simplement ses idées avant de vous répondre. Si vous reprenez la parole maintenant, vous lui tomberez sur les nerfs.
- Efforcez-vous de penser avant de parler. Ne faites pas mine de réfléchir à voix haute ; l'introverti se demandera si vous lui parlez ou si vous vous parlez à vous-même.
- Ne vous égarez pas en ouvrant des parenthèses ou en faisant des apartés. Vous êtes là pour régler un problème et non pour passer le temps.
- Allez à l'essentiel et, s'il n'est pas prêt à se révéler, suggérez une autre rencontre, afin de lui laisser le temps d'évaluer sa position.
- Ne le piégez pas. Avant d'entreprendre un débat avec lui, demandez-lui s'il a du temps à vous consacrer.

Si vous vous comportez autrement, vous finirez par l'agacer et l'Introverti préférera mettre un terme à la discussion plutôt que de la continuer jusqu'à son aboutissement.

9.3.3 Si vous faites face à un S

En général, vous serez en mesure de déterminer si l'autre joueur est un extraverti ou un introverti dès les premières minutes de la rencontre. Cependant, c'est un peu plus tard, quand il se révélera ou quand il expliquera sa position, que vous découvrirez s'il s'agit d'un S ou d'un N. Le type S aura tendance à vous expliquer sa position dans le détail.

Si vous êtes également un type S, restez vous-même mais, si vous êtes un N, utilisez les trucs suivants.

- Parlez de l'instant présent et tentez de régler les problèmes en cours. Pour l'instant, il n'a que faire des implications futures des décisions présentes.
- Soyez pratique. Expliquez ce qu'il faut faire et comment cela devrait être fait.
- N'abusez pas des métaphores et autres figures de style. Tenez-vous-en aux faits.
- Soyez précis dans vos descriptions. Ainsi, ne dites pas qu'il est tard. Mentionnez l'heure exacte.
- Si vous souhaitez répondre à un argument, répondez sans vous éparpiller. Ce n'est pas le temps de raconter une anecdote qui vient de vous revenir en mémoire.
- Présentez votre solution étape par étape, sans supposer que les liens entre chaque étape sont aussi clairs pour lui que pour vous.
- Ne vous contentez pas de présenter vos conclusions. Si vous souhaitez qu'il vous écoute, expliquez sur quels faits celles-ci s'appuient.

9.3.4 Si vous faites face à un N

Le type N est généraliste : il vit dans l'avenir et préfère voir la forêt que les arbres. Pour mieux interagir pendant la partie, si vous êtes également un type N, restez vous-même. Toutefois, si vous êtes un S, profitez des trucs suivants.

- Vous pouvez utiliser des métaphores et des figures de styles qui résument la situation de manière globale. Ne vous empêtrez pas dans les détails !
- Efforcez-vous de tisser des liens entre votre proposition et ses implications futures. Ne donnez pas l'impression que vous souhaitez apposer un pansement sur le problème. Faites savoir que vous visez une solution à long terme.
- Tentez de découvrir la cause des problèmes actuels. Votre discours sera ainsi plus intéressant pour votre vis-à-vis que si vous vous limitez à présenter le problème en cours.
- Retenez-vous de penser qu'il ne sait rien simplement parce qu'il généralise et qu'il parle en paraboles. Il est possible qu'il ait très bien saisi la situation.
- Tentez de conceptualiser les choses, et associez ces concepts à votre solution. Le type N aime pouvoir tisser des liens entre la situation, la solution à l'étude et les concepts.
- Demandez-lui des renseignements supplémentaires si sa vision des choses ne vous semble pas claire. Il appréciera cela.
- Si vous faites un long monologue, terminez en le résumant, en annonçant le résumé par une phrase telle que « Donc, pour résumer... » ou « En gros ». Cela lui permettra de se concentrer même s'il ne vous a pas tout à fait écouté pendant votre longue présentation.

9.3.5 Si vous faites face à un T

Dans un débat d'idées, le type T pourrait être qualifié de cérébral. Les arguments apparentés à *la preuve sociale* ne l'influencent guère. Il faudra utiliser *l'autorité* pour venir à bout de sa résistance.

La *preuve sociale* et l'*autorité* sont deux outils permettant d'influencer ou de convaincre un vis-à-vis.

Si vous utilisez la *preuve sociale*, vous faites valoir à l'autre que sa situation n'est pas unique, que d'autres personnes sont passées par là et qu'elles sont maintenant ravies d'avoir choisi la solution que vous proposez. La preuve sociale constitue l'outil de conviction le plus efficace pour convaincre un type F dans une situation ambiguë. Des campagnes publicitaires (« Plus fraîche parce que plus de gens en mangent. Plus de gens en mangent parce qu'elle est plus fraîche ! » ou « Tout le monde le fait, fais-le donc ! ») ont connu le succès grâce à elle.

Si vous utilisez l'*autorité*, vous vous adressez au cerveau gauche de votre vis-à-vis. Vous ne retiendrez pas les anecdotes personnelles et vous aurez plutôt recours à des statistiques officielles, à des rapports en provenance d'organismes indépendants, etc. C'est à l'autorité qu'ont recours les publicitaires qui utilisent des gens en sarrau pour vanter un dentifrice ou un traitement médical.

Restez simplement vous-même si vous êtes un type T mais, si vous êtes un type F, voici comment vous comporter quand arrive le temps de convaincre un cérébral.

- Si vous avez en main un rapport officiel appuyant ce que vous avancez, utilisez-le. Une partie de la crédibilité de l'organisme d'où il émane rejaillira sur vous.
- Si vous avez lu le commentaire d'un expert reconnu sur le sujet, mentionnez-le.
- Ne vous impliquez pas trop émotivement. Vous mettriez votre vis-à-vis mal à l'aise. Visez l'objectivité sans pour autant renier vos valeurs ou vos sentiments.
- Faites la preuve que vous voyez la situation objectivement et que vos valeurs ne nuisent pas à votre compréhension de celle-ci.
- Apprenez à critiquer. Ce n'est pas toujours facile quand on vise l'harmonie, mais c'est quelquefois nécessaire.

9.3.6 Si vous faites face à un F

Dans un débat d'idées, le type F pourrait être qualifié d'émotif. Les arguments apparentés à l'autorité ne l'influencent guère. Il faudra utiliser la preuve sociale pour venir à bout de sa résistance.

Restez simplement vous-même si vous êtes un type F mais, si vous êtes un type T, voici comment vous comporter quand arrive le temps de convaincre un émotif.

- Si vous avez en main un témoignage personnel vantant les mérites de la solution que vous proposez, utilisez-le !
- Impliquez-vous émotivement. L'autre joueur doit sentir que vous tenez à votre opinion et que vous ne discutez pas pour le simple plaisir de l'exercice.
- Faites la preuve que les implications pour les personnes visées par la décision vous préoccupent. Faites preuve de compassion.
- Faites connaître les valeurs qui sont à la base de votre prise de position.
- Restez sensible au contenu de la discussion et efforcez-vous de ne pas froisser votre interlocuteur.
- Respectez votre vis-à-vis même si ses emportements ou ses prises de position vous semblent quelque peu irrationnelles.

9.3.7 Si vous faites face à un J

Vous vous rendrez facilement compte que vous faites face à un type J : il tentera de prendre le contrôle de la rencontre et de précipiter sa conclusion. Si vous êtes un type J, restez simplement vous-même mais, si vous êtes un type P, essayez d'adopter les comportements suivants.

- Rappelez-lui que le temps est une ressource précieuse qu'il faut gérer judicieusement.
- Expliquez-lui que vous aimeriez en venir à un accord.
- Parlez en mettant l'accent sur les résultats.
- Si vous avez besoin de temps pour réfléchir, ne soyez pas vague mais sortez votre agenda. Proposez-lui une date et une heure où vous pourrez continuer la discussion.
- Ne perdez pas de vue la raison de la rencontre et évitez les digressions.
- Insistez sur le fait que toutes les possibilités n'ont pas été étudiées et qu'une décision hâtive pourrait être mauvaise. Suggérez d'allonger le moment prévu de la décision.

9.3.8 Si vous faites face à un P

Vous vous rendrez facilement compte que vous faites face à un type P : il ne semblera pas pressé de conclure l'entretien et tentera de s'adapter à ce que vous dites plutôt que de contrôler la rencontre. Si vous êtes un type P, restez simplement vous-même mais, si vous êtes un type J, essayez d'adopter les comportements suivants.

- Quand la rencontre aura duré un certain temps, mentionnez que vous appréciez le travail que vous faites ensemble et que vous croyez que vous en arriverez à une solution.
- Parlez en mettant l'accent sur une démarche commune.
- Si la discussion stagne, proposez une pause. La discussion débloquera probablement au retour de celle-ci.
- Cachez votre impatience de voir triompher votre point de vue.
- Évitez de consulter fréquemment votre montre.
- Si vous vous heurtez à propos d'un aspect de la discussion, proposez de régler un autre sujet et de revenir plus tard sur celui qui cause le problème.

9.4 Le jeu

Une joute dure 20 minutes pendant lesquelles le joueur B tente de convaincre le joueur A de la justesse de son opinion. Le joueur A réagit en jouant le rôle qu'il a choisi dans le sac et le joueur B tente de s'adapter aux comportements qu'il perçoit chez son vis-à-vis. À la fin du jeu, le joueur B devine le type que personnifiait le joueur A.

S'il y a un observateur, il écoute sans parler et note les moments où le duo semblait s'approcher d'une solution et ceux où l'entente paraissait soudainement plus éloignée. Il tente également de déterminer le type que personnifiait le joueur A.

9.5 La discussion d'après-match

Une fois la joute terminée, la discussion d'après-match se fait en quatre étapes. Chacune de ces étapes vous permettra de mieux intégrer le contenu de ce livre et d'améliorer vos capacité d'adaptation à vos collègues, à votre patron ou à vos employés.

9.5.1 La révélation

En premier lieu, le joueur B annonce au joueur A le type psychologique qu'il croit que celui-ci avait tiré au hasard. Cette annonce est étayée par les observations faites pendant la joute.

9.5.2 La réalité

Le joueur A annonce quel type psychologique il avait tiré au sort et explique comment il a joué ce rôle. Pour ce faire, il peut se reporter aux fiches présentées dans la section 9.2. Si le rôle joué par le joueur A n'est pas le même que celui qu'avait deviné le joueur B, le duo tente de découvrir ce qui n'a pas fonctionné en consultant les manuel de jeu (les sections 9.2 et 9.3) et en relisant des extraits de ce livre.

9.5.3 L'interaction A-B

Procédez ensuite à une évaluation pour découvrir si le joueur B a adopté les bons comportements pendant la joute et, pour ce faire, utilisez la fiche suivante. Les deux participants la remplissent ensemble en entourant, pour chacune des quatre lettres du type deviné, les comportements qui ont été bien utilisés.

Vous pouvez également utiliser le bas du formulaire pour indiquer les erreurs commises ou les bons coups qui ont permis la résolution de la discussion. Indiquez également en quoi vos types psychologiques réels ont influé sur le jeu.

Type psychologique deviné : ______________________	
Si E	**Si I**
• Participez à la conversation en démontrant de l'intérêt. • Parlez plus rapidement que vous ne le faites d'ordinaire. • Réagissez aux propos de l'autre plutôt que de simplement les évaluer intérieurement. • Apprenez à sourire quand il s'égare, mais assurez-vous de le ramener au sujet du jour. • N'attendez pas trop longtemps avant de lui répondre. Au besoin, puisque vous préférez peut-être réfléchir, utilisez des phrases qui vous feront gagner du temps, par exemple : « C'est un point de vue... » ou « Je vois où tu veux en venir ». • Ouvrez les bras, souriez et penchez-vous légèrement vers lui. Ne donnez pas l'impression que vous vous refermez. • Ne parlez pas trop longtemps quand vous avez la parole. Il a hâte de la reprendre !	• Parlez plus lentement et moins fort que vous ne le faites ordinairement. • Respectez le territoire de l'autre. Ne vous approchez pas trop près de lui et ne faites pas de grands gestes dans sa direction. • Respectez son silence quand vous avez fini de parler. Il ramasse simplement ses idées avant de vous répondre. Si vous reprenez la parole maintenant, vous lui tomberez sur les nerfs. • Efforcez-vous de penser avant de parler. Ne faites pas mine de réfléchir à voix haute ; l'introverti se demandera si vous lui parlez ou si vous vous parlez à vous-même. • Ne vous égarez pas en ouvrant des parenthèses ou en faisant des apartés. Vous êtes là pour régler un problème et non pour passer le temps. • Allez à l'essentiel et, s'il n'est pas prêt à se révéler, suggérez une autre rencontre, afin de lui laisser le temps d'évaluer sa position. • Ne le piégez pas. Avant d'entreprendre un débat avec lui, demandez-lui s'il a du temps à vous consacrer.

Type psychologique deviné : ______________________________ *(suite)*	
Si S	**Si N**
• Parlez de l'instant présent et tentez de régler les problèmes en cours. Pour l'instant, il n'a que faire des implications futures des décisions présentes. • Soyez pratique. Expliquez ce qu'il faut faire et comment cela devrait être fait. • N'abusez pas des métaphores et autres figures de style. Tenez-vous-en aux faits. • Soyez précis dans vos descriptions. Ainsi, ne dites pas qu'il est tard. Mentionnez l'heure exacte. • Si vous souhaitez répondre à un argument, répondez sans vous éparpiller. Ce n'est pas le temps de raconter une anecdote qui vient de vous revenir en mémoire. • Présentez votre solution étape par étape, sans supposer que les liens entre chaque étape sont aussi clairs pour lui que pour vous. • Ne vous contentez pas de présenter vos conclusions. Si vous souhaitez qu'il vous écoute, expliquez sur quels faits celles-ci s'appuient.	• Vous pouvez utiliser des métaphores et des figures de styles qui résument la situation de manière globale. Ne vous empêtrez pas dans les détails ! • Efforcez-vous de tisser des liens entre votre proposition et ses implications futures. Ne donnez pas l'impression que vous souhaitez apposer un pansement sur le problème. Faites savoir que vous visez une solution à long terme. • Tentez de découvrir la cause des problèmes actuels. Votre discours sera ainsi plus intéressant pour votre vis-à-vis que si vous vous limitez à présenter le problème en cours. • Retenez-vous de penser qu'il ne sait rien simplement parce qu'il généralise et qu'il parle en paraboles. Il est possible qu'il ait très bien saisi la situation. • Tentez de conceptualiser les choses, et associez ces concepts à votre solution. Le type N aime pouvoir tisser des liens entre la situation, la solution à l'étude et les concepts. • Demandez-lui des renseignements supplémentaires si sa vision des choses ne vous semble pas claire. Il appréciera cela. • Si vous faites un long monologue, terminez en le résumant, en annonçant le résumé par une phrase telle que « Donc, pour résumer… » ou « En gros… » Cela lui permettra de se concentrer même s'il ne vous a pas tout à fait écouté pendant votre longue présentation.

<table>
<tr><th colspan="2">Type psychologique deviné : ______________________ (suite)</th></tr>
<tr><td>Si T

• Si vous avez en main un rapport officiel appuyant ce que vous avancez, utilisez-le. Une partie de la crédibilité de l'organisme d'où il émane rejaillira sur vous.

• Si vous avez lu le commentaire d'un expert reconnu sur le sujet, mentionnez-le.

• Ne vous impliquez pas trop émotivement. Vous mettriez votre vis-à-vis mal à l'aise. Visez l'objectivité sans pour autant renier vos valeurs ou vos sentiments.

• Faites la preuve que vous voyez la situation objectivement et que vos valeurs ne nuisent pas à votre compréhension de celle-ci.

• Apprenez à critiquer. Ce n'est pas toujours facile quand on vise l'harmonie, mais c'est quelquefois nécessaire.</td>
<td>Si F

• Si vous avez en main un témoignage personnel vantant les mérites de la solution que vous proposez, utilisez-le !

• Impliquez-vous émotivement. L'autre joueur doit sentir que vous tenez à votre opinion et que vous ne discutez pas pour le simple plaisir de l'exercice.

• Faites la preuve que les implications pour les personnes visées par la décision vous préoccupent. Faites preuve de compassion.

• Faites connaître les valeurs qui sont à la base de votre prise de position.

• Restez sensible au contenu de la discussion et efforcez-vous de ne pas froisser votre interlocuteur.

• Respectez votre vis-à-vis même si ses emportements ou ses prises de position vous semblent quelque peu irrationnelles.</td></tr>
</table>

Type psychologique deviné : ____________________ *(suite)*

Si J	**Si P**
• Rappelez-lui que le temps est une ressource précieuse qu'il faut gérer judicieusement. • Expliquez-lui que vous aimeriez en venir à un accord. • Parlez en mettant l'accent sur les résultats. • Si vous avez besoin de temps pour réfléchir, ne soyez pas vague mais sortez votre agenda. Proposez-lui une date et une heure où vous pourrez continuer la discussion. • Ne perdez pas de vue la raison de la rencontre et évitez les digressions. • Insistez sur le fait que toutes les possibilités n'ont pas été étudiées et qu'une décision hâtive pourrait être mauvaise. Suggérez d'allonger le moment prévu de la décision.	• Quand la rencontre aura duré un certain temps, mentionnez que vous appréciez le travail que vous faites ensemble et que vous croyez que vous en arriverez à une solution. • Parlez en mettant l'accent sur une démarche commune. • Si la discussion stagne, proposez une pause. La discussion débloquera probablement au retour de celle-ci. • Cachez votre impatience de voir triompher votre point de vue. • Évitez de consulter fréquemment votre montre. • Si vous vous heurtez à propos d'un aspect de la discussion, proposez de régler un autre sujet et de revenir plus tard sur celui qui cause le problème.

Évaluation globale :

Type psychologique du joueur A : __________

Type psychologique du joueur B : __________

9.5.4 L'intervention de l'observateur

Si vous aviez un observateur, demandez-lui maintenant de présenter ses commentaires. Il devrait vous aider à répondre aux questions suivantes.

- Notre vision de la joute est-elle juste ?
- Quels gestes ont permis un rapprochement des positions ?
- Quels gestes ont provoqué un éloignement des positions ?

- Nos véritables types psychologiques ont-ils nui aux résultats de la joute ?
- Combien de temps a-t-il fallu pour que le joueur B s'adapte au joueur A ?

9.6 La reprise

Reprenez maintenant le jeu en inversant les rôles et en choisissant une nouvelle situation. Remarquez que l'adaptation est plus facile la deuxième ou la troisième fois. En fait, plus vous jouerez, plus le jeu vous semblera simple. Multipliez les partenaires de jeu. Faites-y participer vos collègues et amis.

Ce jeu présente de nombreux avantages. Tout d'abord, il vous permettra d'intégrer la théorie présentée dans ce livre. Puis, il vous aidera à acquérir les facultés d'adaptation qui vous feront apprécier des gens avec qui vous entrez en interaction. De plus, il vous apprendra à mieux connaître les gens que vous côtoyez. Enfin, il vous fera prendre conscience des éléments suivants : chaque type de personnalité a sa valeur, chacun présente des aspects uniques, chacun peut vous aider à mieux vous réaliser. D'ailleurs, vous-même êtes en mesure d'aider chacun à mieux apprécier son travail. C'est là l'essence du leadership.

Conclusion

La théorie des types psychologiques ne peut être entièrement comprise et appliquée à la suite d'une seule lecture de ce livre.

Si vous vous attendiez à une théorie plus simple, qui aurait pu être retenue et appliquée dès la première journée, sachez que la théorie que vous venez de voir est elle-même une grossière simplification du mode de fonctionnement de l'être humain.

Chaque individu est très complexe et unique. Vos préférences sont innées, mais l'environnement peut avoir aidé ou empêché le développement de vos forces. Également, la personne dont vous tentez de décoder le type peut s'être créé une façade qui correspond à sa perception des attentes de ceux qui l'entourent.

Les quatre tempéraments et les 16 types psychologiques peuvent vous aider à comprendre comment chacun fonctionne, mais ils ne peuvent pas tout expliquer. Ils constituent un savoir précieux qui permet d'améliorer votre estime personnelle et d'évoluer plus efficacement en société. Profitons de cette conclusion pour reprendre les quelques questions que nous vous avons proposées en introduction.

Les questions de l'introduction

Ces questions, auxquelles vous avez probablement répondu par l'affirmative, gagnent à être réévaluées à la lueur de ce que vous venez de lire.

- *Des collègues, supérieurs ou clients vous tombent-ils parfois sur les nerfs sans que vous sachiez pourquoi ?*

  Si vous aviez répondu oui à cette question, vous êtes maintenant plus éclairé et vous êtes probablement déjà en mesure de trouver la cause de cet agacement. Ce faisant, justement parce que vous pouvez comprendre pourquoi une personne vous irrite, cet agacement est susceptible de diminuer. La compréhension du phénomène vous rend automatiquement plus tolérant.

- *Malgré tous vos efforts, arrive-t-il que des gens bien intentionnés ne puissent comprendre ce que vous tentez de leur communiquer ?*

  Vous savez maintenant que tous ne perçoivent pas le monde de la même façon et ne prennent par leur décision de la même manière. Vous êtes maintenant en mesure de décoder votre vis-à-vis et d'adapter votre discours à son tempérament. Ce faisant, vous augmentez vos chances d'être bien compris.

- *Avez-vous déjà éprouvé de la difficulté à vous faire accepter par un collègue, un supérieur ou un client ?*

Voilà encore un domaine dans lequel la théorie des types psychologiques peut vous aider. Si vous arrivez à saisir le tempérament de la personne que vous aimeriez influencer, vous saurez sur quels critères elle se fonde pour décider si une personne est intéressante ou si elle ne l'est pas.

- *Vous arrive-t-il de repousser des tâches que vous considérez comme ennuyeuses mais que vous devrez tout de même faire un jour ou l'autre ?*

Vous savez maintenant qu'un tel comportement est normal et votre estime personnelle s'en trouve améliorée. D'un autre côté, vous savez que vous ne devriez pas utiliser votre type psychologique pour justifier un comportement.

- *Avez-vous déjà eu dans le passé l'impression d'être traité injustement ?*

Vous savez maintenant que les gens ont des façons différentes d'apprécier ceux qui les entourent et que la personne qui vous a traité injustement n'avait peut-être pas eu la chance de vous percevoir sous l'angle qu'elle aurait le plus apprécié.

- *Si vous occupez un poste de direction, avez-vous tendance à embaucher des personnes qui vous ressemblent, qui partagent vos opinions et qui pensent comme vous ?*

Vous connaissez maintenant les dangers d'une telle pratique sur le rendement d'une équipe ou sur le processus décisionnel d'une organisation.

Les 5 défis qui vous attendent

Nous vous proposons cinq défis. Si vous décidez de les relever, ils devraient améliorer le plaisir que vous éprouvez à vivre en société.

1. Appréciez ce que vous êtes.

Si vous ne commencez pas par cette attitude, vous ne serez jamais en mesure d'apprécier les autres. Révisez les sections qui traitent de vos forces et, si vous en ressentez le besoin, subissez le test de l'Indicateur MBTI. Relisez les passages qui traitent de vos qualités et de l'apport que vous pouvez offrir à votre équipe ou à votre entreprise.

2. Développez une personnalité complète.

Il vous faut diminuer les conséquences de vos préférences très marquées et apprendre à mieux utiliser vos fonctions tertiaire et mineure. Pour ce faire, appliquez les indications présentées au chapitre 6.

3. Apprenez à voir les qualités de ceux qui vous entourent.

Il est facile de percevoir ce qui nous irrite chez les autres ; disciplinez-vous et trouvez au moins deux qualités chez les gens qui diffèrent de vous avant de vous permettre de percevoir leurs défauts.

4. Travaillez mieux en équipe.

Pour ce faire, révisez votre manuel d'équipe du chapitre 7 et relisez la section du chapitre 8 qui présente le modèle de décision optimal.

5. Faites connaître la théorie des types psychologiques aux membres de votre entourage.

Le rendement global de cette théorie sera multiplié si vous additionnez le nombre de personnes prêtes à l'utiliser dans votre environnement. Ne soyez pas possessif et partagez ces connaissances avec ceux qui vous entourent.

Nous avons tous un rôle à jouer dans le succès de notre vie et dans la progression de notre entreprise. Commencez à relever ces défis dès aujourd'hui et améliorez votre qualité de vie de même que celle de tous ceux qui vous entourent.

Bibliographie

Des centaines d'ouvrages et d'articles ont été publiés sur la théorie des tests psychologiques et sur l'Indicateur MBTI. Les quelques suggestions de lecture que nous vous faisons ne constituent qu'une introduction générale à une meilleure compréhension de soi et des autres.

Hirsh, Sandra Krebs (traduction de Marc Pelletier), *Session de consolidation d'équipe, Guide du membre d'équipe,* Psychometrics Canada, 1994.

Hirsh, Sandra Krebs et Jane A. G. Kise, *Work it out : Clues for Solving People Problems at Work,* Davies-Black Publishing, Palo Alto, Californie, 1996.

Hirsh, Sandra Krebs et Jean M. Kummerow (traduction de Geneviève Caillou et Pierre Cauvin), *Introduction aux types psychologiques dans l'organisation,* Psychometrics Canada, 1990.

Isachsen, Olaf, *Joining the Entrepreneurial Elite : Four Styles to Business Success,* Davies-Black Publishing, Palo Alto, Californie, 1996.

Jung, Carl Gustav, *Essai d'exploration de l'inconscient,* Éditions Gonthier, France, 1964.

Kroeger, Otto et Janet M. Thuesen, *Type Talk at Work : How the 16 Personality Types Determine Your Success on the Job,* Dell Publishing, 1993.

Myers, Isabel Briggs (traduction d'Eduardo Casas), *Introduction aux types psychologiques,* Psychometrics Canada, 1980.

Myers, Isabel Briggs et Peter B. Myers, *Gifts Differing : Understanding Personality Type,* Davies-Black Publishing, Palo Alto, Californie, 1980.

Samson, Alain, *Communiquez ! Négociez ! Vendez !*, Éditions Transcontinental, Montréal, 1996.

Tieger, Paul D. et Barbara Barron-Tieger, *Do What You Are,* Little, Brown, 1995.

Tieger, Paul D. et Barbara Barron-Tieger, *The Art of SpeedReading People,* Little, Brown, 1998.

Wirths, Claudine G. et Mary Bowman-Kruhm, *Are You My Type? Or Why Aren't You More Like Me ?*, Davies-Black Publishing, Palo Alto, Californie, 1992.